JN063256

京都、わが心のオアシス

石井麻子

大垣書店

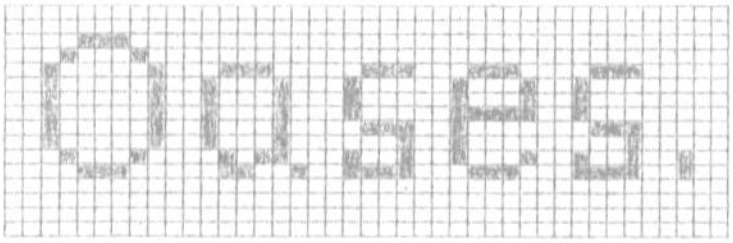

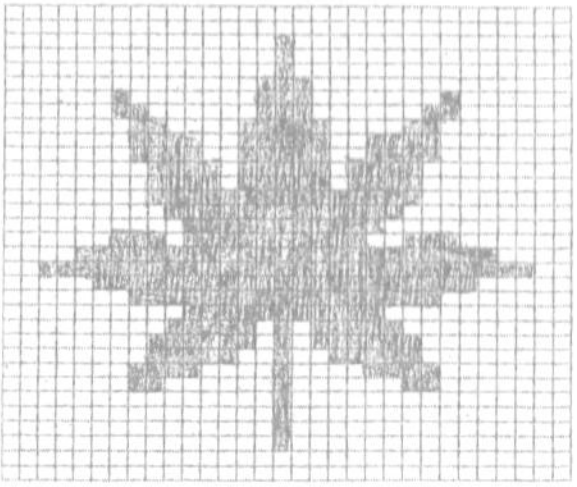

目次

Kyoto, My Favorite

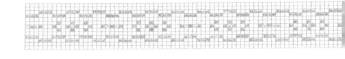

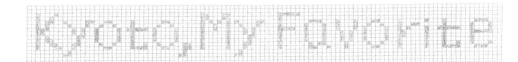

明記以外の
写真・イラスト・MAP……石井麻子
デザイン……瀧居真彦

京都で暮らす

二十代の終りに東京から移り住んだ京都での暮らしが、そろそろ五十年となります。およそ半世紀を暮らしてきたからと言って、１２００年の歴史ある街ではまだほんの旅人です。暮らしながら旅をしていると思う日々、ここは居心地がいいなと感じた、私にとってのオアシスをご案内したくて一冊の本が生まれました。

日常的に京都の歴史を身近に思うときがあります。私は山科に住んでいるので、ＪＲ山科駅へ行こうとすると三条通りの交差点で信号待ちに合うこともしばしば。休日など名神高速・東インターからやってくる、さまざまな他府県ナンバーを目に留めるのも楽しい時間ですが、しかしここは江戸から京へと旅人たちが往来した東海道筋ではありません。もうひとつ北側の駅近にある旧三条通りが古き東海道の名残りです。

ＪＲと並行して走る京阪電車の南側、ロータリーになっている広場の一角の旧道沿いに、ひと昔前まで「奴茶屋」という料理旅館がありました。京へあとひと息と思いながら、ここで旅人たちはいっぷくでもされたのでしょうか。西へと向かう道はやがて「日の岡」あたりで東山（九条山）に分け入り、蹴上を経て三条大橋にたどり着きます。

26年ほど前に地下鉄東西線が開通しました。京阪・京津線（京阪三条〜浜大津間）の路面電車がのんびり蛇行しながら登っていたころは、峠を越えた蹴上の浄水場では毎年5月の連休ごろにつつじが盛りを迎え、開放された場内をつつじのピンク越しに眺めることができました。地下鉄を利用していると、九条山あたりでの四季の移ろいが分かりません。いつのまにか浄水場は移転をし、なにやらテーマパークのようなものに生まれ変わるそうです。

地下鉄もよく乗りますし、京都市内はバスの利用もかなりのものです。マイカーを持たないので徒歩が基本の交通手段だからこそ、目的地まで瞬時に通り過ぎずに、京都の街並みを歩く速度で見てきたという自負があります。

この歳月で京都は静かに大きく変化を遂げてきました。もう消えてしまった私にとっての想い出のオアシスは数限りがないけれど、いまさら列挙しても仕方ありません。今、まさに息づいている、そんなオアシス巡りへ出かけましょう。

春の出水の小川にて

京都御所

1 京都御苑

近衛邸跡に咲く桜

「母と子の森」文庫

御所内

バッタが原

清和院休憩所付近の紅葉

京都御苑

七九四年、奈良から遷都されたときの御所はもっと西側にありました。平安時代の大内裏は、現在の堀川と、西堀川と呼ばれていた紙屋川間にあり、北は一条通り、南は丸太町通り。内裏の朱雀門から延びる朱雀大路（現千本通り）は、ＪＲ線のまだ南、東寺のご門前、九条通りにある羅城門まで延々と続き、道幅は約84ｍもあって、唐の時代の長安を模した平安京とは、とてつもなく大きな都だったのですね。桓武天皇が「ここに都を定められよ……」と言われたとか、きっと陰陽師がおそばにいたことでしょう。高見から見下ろせば、盆地にはだだっぴろい原野が広がっていて、東北の比叡山、西北の高雄・神護寺など鬼門も特定し都の造営が始まり、それはのびのびとした設営であったことと想像できます。

現在の御所は東洞院土御門《ひがしのとういんつちみかど》とよばれる邸宅であって、天皇の仮住まい（里内裏）でありました。平安京はたびたび火災にあい、そのたび天皇は里内裏に避難されていたのです。正式な内裏となったのは鎌倉時代。１２２７年の火災で内裏が焼失したあと再建せずに本格的に里内裏へ移住されて時を重ねました。江戸時代に再建された現在の紫宸殿・清涼殿などが今も残っているのです。御所のある京都御苑は、南北１３００ｍ、東西７００ｍ、上京区の８分の１にあたる広さです。外周合わせて４kmですから、その日の体調と相談して一周または二周、いえ五周で20km走るなど、目安の立てやすいジョギングコースとしてもアスリートに人気があります。

まずは東北門から入りましょう。石薬師御門はかって寺町今出川の角地に真如堂があり、境内の一角に石薬師がまつられていたことにより、その前に御門があったことから名づけられました。江戸期の元禄年間に吉田山の山腹に移転した真如堂のことです。現在も石薬師御門の門前には真如堂前町などの町名が残っています。入ってすぐ右手の東北角には今出川グランドがあり、多分ご近所の同志社大学と思われる学生たちの元気なスポーツ風景も見かけます。

左手の小道を下がると野鳥の水場があり、三脚を構えた愛好家たちが腕組みしながら、セキレイの飛来などシャッターチャンスを狙っている姿をよく見ます。その南の少し開けたところは「母と子の森」。森の中で親子がくつろぐ場には、屋根つきの本棚が置かれ４月から11月まで開放されていて、自然と親しむための絵本や図鑑が並べられています。その南は京都迎賓館に行き当たりますから、いったんバッタが原と呼ばれる茂みの中を北へ戻り、御所の北側に並んでいた公家邸跡を訪ね歩いてみましょう。

同志社大学の向いとなる今出川口脇には中山邸。江戸末期の公家、権大納言中山忠能《ただやす》の娘である慶子《よしこ》は孝明天皇に仕え、明治天皇・祐宮《さちのみや》の生母となりました。出産準備のため約21坪の産屋が建てられ、現在も建物は残り「明治天皇生誕の地」の標柱も見られます。幅広い砂利道の左手角は御所の鬼門・猿が辻。北と東の長塀を見渡せる御所らしい風情ですが、当時百四十軒の宮家や公家の家が建っていたことから、今のような眺めは望めたのかと想像するしかありません。
さて今出川御門東脇には桂宮邸跡があります。皇女和宮も、第14代将軍家茂に降嫁前の1年8か月をここで過ごされました。安政元年4月の御所炎上の際には、翌年11月まで仮御所となり、のちに桂御所とも称せられました。このあたりは桜の名所です。蕾がほころび始めると、ワラワラと花見客が寄ってきます。今出川御門から下った西側には五摂家筆頭の近衛邸。家名の由来は、元邸宅が近衛大路（現出水通り）に面していたことから「近衛殿」と称されていたことによります。現在の同志社大学新町キャンパスあたりから、秀吉の命によりこの地に邸宅を構えました。

2022年3月、コロナ禍でありましたが一眼レフカメラを携え、烏丸今出川を下がったところにある乾《いぬい》御門から御苑にお邪魔しました。「児童公園」では親子の元気な声が行き交い、桜たちはちょうど五分咲き、つめたい冬を乗り越えて、春を迎え表情をほころばせた人たちに見守られて、かすかな風に花枝を揺らしながら、小池を借景に咲く近衛の桜たちも幸せそう。御所の春を数枚カメラに収めることができました。同年5月には老舗京菓子店の「笹屋伊織」が、すっかり葉桜となった近衛邸近くにカフェをオープン。平屋で南・東・北と三方ガラス窓の明るいセルフスタイル。南の席に座れば、手前の緑の向こうに御所の北を囲む長塀が望め、立地としては京都でも唯一無二の絶景。今までに考えることすらできなかった北側エリアに出現した一推しのカフェです。「笹屋伊織」は1716年創業。江戸時代に宮中御用達であった歴史があり、このたびの出店となりました。桜や紅葉の季節はきっと行列となるでしょうから、ひと気のない季節と時間帯に、さり気なく立ち寄りたく思っています。

烏丸通りに面した乾御門をくぐるたびに思い出すのは、娘と通った京都YWCAにおける「三歳児の体操教室」です。当時YWCAは今出川室町通りを下がったところにありました。体育館での体操時間が終わると御苑での外遊び。乾御門から子どもたちがダッシュするのは近衛邸跡あたりの野原。まだまだ遊び場として整備もされていないころのこと、草の間を飛び跳ねるバッタを追いかけ、鬼ごっこなどではしゃいでは帰りの京阪電車で娘が眠ってしまうこともありました。京都に嫁いでから四年。ご近所さんとは親しくしていただいていましたが、幼い娘にとって、体を動かしながらお友達ができればと考えたわけです。実際、私にも今でいうママ友たちができました。同じ山科から通っていたTさんとも親しくなり、Tさんが同志社大学でお友達であった冷泉家ご長女貴美子さんとのご縁で冷泉邸のお手伝いをされていて、時雨亭の邸宅が公開された折には伺わせていただきました。冷泉邸は近衛邸の向い、今出川通りに沿って建ち並ぶ同志社大学構内の一部のようなお屋敷です。ママ友のおかげで普段は非公開の邸宅に伺う機会をいただき、京都で暮らし始めた私は、このころから「おいでやす」と、そろりと京都に招かれたような気もちになりました。

T家のN子ちゃんと、山科の幼稚園も一緒のところに決めて、N子ちゃんのお兄さんが習っていたバイオリンのレッスンに娘の参加も始まります。先生は鈴木メソッドの鈴木信一郎さんとご一緒に幼児教育をされていたN先生。ご高齢でしたが優しくて素敵な方でした。宇治・木幡《こわた》の山の中に暮らされ、雑木林の中に埋もれるような平屋の一軒家に伺うと、ピンクのちいさな蔓バラが屋根を包むように咲いていて、居間には薪のストーブ、煙をよけながらお茶をいただきます。先生は雑木林に囲まれた「雑木舍」と名づけられた小舍で、木漏れ日を浴びながら趣味の機織り中。奥さまが落ち葉のふりつもった小道を下りながら「ダディ！　お客さまですよ！」と呼びに行かれ、海外生活の長かったお二人らしい微笑ましい情景が想い出されます。

ちょっと寄り道をしました。烏丸通りに沿って南へ下がりましょう。乾御門を右手に、さらに木立の中を南へ向かうと「中立売休憩所」。京都御苑は、皇居外苑や新宿御苑とともに国民公園として１９４７年から広く開放されてきました。２０２０年度から10年間の施設整備計画が実施されているところのようで、中立売御門ちかくにあった休憩所や駐車場がリニューアルされ、あらたな飲食スペースには開放的なテラス席も設けられて、今も昔も旅人たちの休み処としてにぎわっています。公家屋敷が並んでいた江戸時代、全国から京へ上がってきた旅人は、茶店でくつろぎながら参内するお公家さんの、雅なファッションショーのような装束に目を見張り、その感動は旅のみやげ話・御所編として大いに自慢できるものだったにちがいありません。休憩所は伝統の大屋根と長いひさしが特徴です。御苑の森は丈高く、夜にはコノハズクもホウホウと鳴いています。夜型の鳥たちのために、休憩所の明かりが漏れぬようにとの配慮から、ひさしが長く造られました。中立売休憩所近くにはおしゃれな小型ミュージアム「京都御苑情報館」も木立に囲まれて設けられ、館内では御苑のジオラマや写真・映像で四季の自然を紹介しています。

「京都迎賓館」へは、御苑のイチョウやモミジが色づきはじめた秋の気もちの良い日に伺いました。静寂につつまれている迎賓館では、池を配した中庭を囲むように各部屋が配置され、それぞれに京都を代表する工芸作家による国宝級の絵画や陶芸が飾られて、非日常的ミュージアムでもあります。截金《きりがね》作家の故江里佐代子さんは60代で人間国宝となり、その繊細で美しい手仕事で工芸の世界に新風を吹き込まれました。代々仏師の江里家へ嫁ぎ、仏像に施される金箔の押絵技法を、やさしい色づかいで家具や小ものに描き、奏でられるハーモニーに魅せられましたが、仕事先のフランスで客死されました。その突然の悲報にどれだけ多くのひとびとが哀しみ落胆したことでしょう。「京都迎賓館」に集う京都を代表するアーティストのひとりに選ばれ、何度かお会いしたことのある同世代で気さくな佐代子さんの作品「扉絵」は、賓客をお迎えする藤の間に伺うたび、迎賓館という張りつめるような空間に、気品とともにやすらぎを与えてくれているように思えます。

その南の「仙洞御所」にも想い出があります。２００２年秋、パリから横浜での展示会を終えて京都へ来られた友人の手芸作家、ジャクリーヌ・ゴヴァンさんと長女のロールさんをご案内。このようなきっかけがなければ訪れることも無かったかも知れません。事前に御苑事務所に申し込みをしておき、当日集合時間に伺います。20名ほどの参加者は、宮内庁の職員さんに引率されて美しく刈り込まれた庭園を巡ります。見るものすべて「セ・ボン（素晴らしい）」を連発するジャクリーヌさんと私は写真を撮りながら歩くので、再三しんがりの職員さんから「遅れないよう、すこし急いでください」と言われてしまいました。もう20年も前のこと、緑の苔の上に紅葉したモミジが散っていたことと、水辺の小石が敷きつめられた、みごとな州浜の光景が蘇ります。

西の向かい側、木立の中を南へ歩きましょう。梅や桃が植えられ、出水の小川が流れる辺りは里山の風情があります。砂利道を挟んだ東向かいに枝垂れる「出水の桜」も人気があり、「御所ではこれが一番」と一推しの方もいらして、毎年春に出かけては、ご自分の桜にご挨拶。

南西の角ぎわには「閑院宮邸」。御苑内で唯一公開されている宮邸です。木と紙と石で建てられた質素な建築美。開けた南のお庭を眺めれば、今でこそ烏丸丸太町交差点の雑音が届くけれど、きっと宮邸での暮らしがあったころは、塀の外の往来もひそやかで、鳥たちのさえずりに耳をかたむけながら時を刻まれていたのではないかと想像するばかりです。

京都御苑では折々自然観察会も行われています。私もかつて幼い息子と参加したことがあり、久しぶりに観察会の開催を知って出かけてみた記録が、1979年に自宅を改装して開店した、ショップの四季だより113号に残っています。

京都御苑　春の自然教室

御所の西南、閑院宮邸前9時30分集合。御苑の自然を愛する参加者は、2コースに分かれて出発。元九条邸の池では、生息する石ガメなどの日本ガメが、病気やけんかに強い外来のアカミミガメに征服されつつあるという説明の途中、高い梢のあたりでピリッピリッとカワラヒワ。ツピツピツピとシジュウカラも遊んでいるようです。ハシブトガラスとハシボソガラスのちがい、また御所の女御たちが物の怪と怖れていたコノハズクのことなど教えてくれた鳥学者は、御苑内の鳥たちと仲の良い友だちのよう。桃園の南にあるせせらぎでは、昆虫先生による水辺の生物談義。うっそうとした雑木林で待っていてくれたキノコ博士は、積み上げられた落ち葉と一体化している珍種の前で嬉しそう。蝶々や花々の解説もふくめて約2時間。遅咲きの桜の下で解散しました。

娘とYWCAのご縁で伺い、また息子とも歴史的建造物の傍らで、自然とふれ合う機会をいただいたことで、子どもたちとのご縁により御所のファンになったといっても過言ではありません。御苑全体を称して御所と呼ぶ方も多く、私もそのひとりです。

長い月日、一般の人々が自由に出かけ通り抜け、緑陰でひと休みしながら自然を観察にひとときを過ごす憩いの場として、これほど得難い空間はありません。とても庶民的な御苑ですが、五月には「葵祭」、十月には「時代祭」の行列を、御所の観覧席を埋めた人々が見送ります。祭礼に参加された方々の風俗衣装も、収蔵・保管・手入れをされて晴れの日を迎え、「葵祭」は下鴨神社を経て上賀茂神社まで、「時代祭」は烏丸・御池・河原町・三条通りを練り歩き、平安神宮まで沿道の観衆を雅であった時代へとタイムスリップさせてくれます。御苑も日々見えぬところで植栽を保ち心配りがされているからこそ、いつ訪れてもリフレッシュできるのですね。空から見れば、南北に細長い緑の矩形は、鳥でなくても立ち寄りたい、わが心のオアシスです。

南の緑越しに、御所の長塀を
眺めながらのティータイム

カフェ「SASAYAIORI＋京都御苑」

朝顔という名の椿

くすのきの並木道

2 洛北・府立植物園

ヒオウギアヤメ

トウオガタマ

バラ園　洋風庭園の向こうに比叡山が見える

洛北・府立植物園

京都市営地下鉄烏丸線の「北山」で下車すると植物園の北門が近く、私はここから植物園の散策を始めます。２０２４年に開園百年を迎える京都府立植物園。入園料は２００円と低額ですが、京都府民以外でも証明書があれば70歳以上の方は無料です。四季折々、旬の花たちがステージのような花壇で出迎えてくれる北門広場では、勢いのある噴水もお出迎え。門を通り抜けるとたちまち広々としたロケーションに包まれます。右手方面、西へ向かってスタートすると、二股の分かれ道があり、右手の道を行けば北山通りに沿ったウバメガシの大木が丈高い垣根となっており、その手前は椿の林。珍しい品種を含め２５０種６００本が咲き、日光《じっこう》・月光・乙女椿・京唐子・紅侘助など色とりどり、染鹿の子などシボの入った見なれぬ椿たちに出会えます。

もう15年も前でしょうか、60代には山科川沿いの遊歩道を南へ醍醐までよく歩いていました。ある早春、土手脇に咲く椿に見とれました。大ぶりでうすいピンク色に赤いシボがはいり、シベが黄色く大きくて見かけないものです、綺麗だけど折って持ち帰ることはできず、ずっと心に残る花姿でした。その年の秋、また醍醐まで45分のウォーキングをしていると、気になる椿の下草に実がはぜていくつか種がこぼれ落ちています。これはいただいても良いでしょう。庭に埋めた種がいつのまにか一本成長していて、勝手に「醍醐の椿」と呼んでいましたが、数年前からようやく１ｍにも伸びて枝を広げ花が咲き始めました。実生からの育ちは本当に時間がかかるもの、しかしこれほど嬉しいこともありません。名前が知りたくて植物園に出かけましたら、そっくり同じ椿が咲いていて「朝顔」という思いがけないお名前でした。【朝顔「桃色一重一文字咲き　平開梅芯」】、まるで花火のようなコメント。さすがに椿園は椿図鑑でもあるのだと納得したものです。

寒い冬のあと、待ちかねるのは椿の開花。梅がほころび始めるころ、早咲きの椿が一つ二つとひそかに花弁を広げる様子は、待ちこがれた春の到来を告げてくれるものです。椿園の先はケヤキやクスノキ・カツラ・アラカシに囲まれた森林浴ゾーン。このあたりでさりげなく置かれたベンチで憩い、持参した本を木漏れ日のなかで読むのもおススメです。

さらに西へすすむと半木《なからぎ》神社と池があり、周囲の景観は楓ですから初夏には青紅葉、また秋には紅く色づいた楓が水面に映り、年2回の絶景にはシャッター音が途切れません。北西には、まだ賀茂川門のないころ、スイレンの大きな水瓶が幾つも並んでいる水生植物エリアでしたが、今ではお洒落な四角いプールにいくつか甕が埋められスイレンを浮ばせ、まわりには初夏のころ小ぶりのヒオウギアヤメが、紫色の花を凛と咲かせて清々しいものです。リニューアルされた区画にはハーブ類も植えられ、秋の終わりに築山のススキが風に揺れ、「四季　彩《いろどり》の丘」と命名された西北の一角は、どこかイングリッシュガーデンの趣になりました。桜林のあたりからは、東の正面に比叡山が望めます。温室を右手に見ながら左折して大芝生の広場を横切りましょう。ここは遠足の子どもたちがお弁当を広げるところでもあります。まあるい広場を樹々が取り巻いて、子どもたちの上にまあるく空が広がり、街なかの喧噪とは無縁の広場に陽がふりそそぎます。南側のネズミモチの林をくぐるとクスノキの並木道、楠は樟脳の元ですから、落ちている葉を揉むと香りが立ちます。南門から入って、この緑のトンネルを眺めるのも植物園ならではの映えるスポットです。

並木を横切ると、さあ私の好きなバラ園に到着です。華やぎのあるエリアは一年中人気があって、初夏には全種類が咲き匂い、むせるような香りと遭遇します。白い柵のパーゴラを這うもの、かがんで匂いを嗅げるほどの高さに揃えられた花壇、姿形の異なる品種がパレードのようにどこまでも並んで見ごたえ充分。バラを鑑賞しながら気品やかわいらしさも存分に堪能させてくれて五感を癒してくれます。植物園会館の東階段を上がると、比叡山を借景としたバラ園を俯瞰しながらカメラに収めることができるので、ぜひ立ち寄っていただきたい撮影スポットです。

私ごとながら、2008年に始めたブログ「アンジュ便り」の二回目が5月23日の「植物園」でした。とても短い報告と数枚の写真で構成されていましたので引き出してみました。

若々しい緑をわたる風に心地よさを感じていたら、陽ざしは夏となり木々の色にも力強さが加わってきました。この春から閉園時間を延長し、5月31日まで6時30分となった植物園。夜桜のライトアップや「たそがれ・桜・そぞろ歩き」などワクワクするような企画を連発。そして19日から3日間限定の「たそがれ・バラ園・そぞろ歩き」が実施されました。21日水曜日、5時スタートに参加。植物園の活性プロジェクトに取り組む松谷茂園長の案内です。南東のコーナーにあるバラ園は今が盛り。植生や姿形、ストーリーなどが語られ、50人ほどのバラ好き、花好きたちを引き連れてのツアー。たそがれどきの植物園もなかなかのものです。

バラ園の東側、南東の角地はシンメトリーに区分けされた洋風庭園。夏にはカンナやアガパンサスに囲まれ中央に噴水もあり、ヨーロッパの宮殿にある庭園のよう。ハルニレや花の咲くアキニレに見下ろされながら、東端の階段上は展望台となって西にはバラ園の全貌も見えています。ここから入園した北門へ向かうと、小川沿いに湿地性植物が植えられ、その先は竹林。東のエリアを北へ歩く静かな散策路となっています。

私は西へ、バラたちを見下ろしていたヒマラヤシーダ（杉）の脇を通ります。見上げるほどだったヒマラヤシーダは、数年前の台風にダメージを受けて治療を施されていましたが、もうすっかり回復し、また空へ向かって伸びはじめ、その力強さに圧倒されます。ヒマラヤスギは、実際は松の仲間。初夏には卵型の球果（まつぼっくり）が成長し、冬には松かさとなって落下。先端が落ちているのを見ると、まるでドライフラワーのバラのようで、きっと驚かれると思います。鉢植えなどの販売ショップの南には事務所や休憩所のある植物園会館。折々、蘭や盆栽などの展示会も開かれ、屋外では四季折々の鉢ものの販売も静かな人気です。そこからさらに西へ向かうと正門でもある南門。振り返ると季節の花が植えられる花壇の左手奥に温室が見えます。

また夜桜見物や各種の見学会、園長さんの気まぐれガイドなど、植物園に親しんでもらおうという企画が今もいっぱい。水辺の環境の多様性から植物園では100種以上もあるという「コケを観察する会」、人声も少ない冬場には渡り鳥などの観察に双眼鏡を手にした「探鳥会」もあり、また一年をかけて自分で決めた木を観察する「私の好きな木の会」など、ユニークな講座も開かれています。

2023年5月6日㈯、わが家のオガタマが咲き匂い出したので、植物園のトウオガタマ（唐だねオガタマ）に会いに行きました。芝生広場の北側と以前「そぞろ歩きの会」で伺っていたのですが、近づいても香りがありません。4本ほどのまだ若木、2、3輪が開きはじめたところのようです。山科より北に位置する植物園は、開花も遅いのでしょう。しかしすぐそばにナンジャモンジャの木を見つけました。花が咲かなければ目立たぬ木ではあります。ちょうど満開で新緑に、よく表現される雪をのせたような姿です。大好きなトウオガタマとナンジャモンジャが寄り添っているようで、嬉しい発見の日となりました。後日、トウオガタマの中国名は半開きの花が笑顔を思わせることから「含笑」、英名は甘く濃厚なバナナの香りから「バナナシュラブ」と知り、桜苑入口付近にも何本かあると知りました。来年また出かけることにいたします。この日、入口でいただいた毎週金曜日発行の「なからぎ通信」によれば、14日には「名誉園長さんによる　そぞろ歩き」が実施との情報に参加を即決定。

14日㈰10時30分　植物園会館前、小雨の降る中、名誉園長・松谷さんのファン約40名がお待ちかね。コロナ禍でありマスク姿でしたがお元気そう。

「あいにくの雨ですが、植物には恵みの雨ですから、雨の日の生態観察に出かけましょう」と、まずはすぐそばのバラ園へ。6日も満開でしたが、この日もまだ320種1、400株が雨に濡れながら咲き匂っています。この日のテーマは「本日の見てほしいこれっ」と「源氏物語に登場する植物」。バラ園の北側にトレリスを這い上る蔓バラからスタート。

源氏物語10帖「賢木」に登場するソウビ（薔薇）はノイバラまたは照り葉ノイバラとされ、殿舎から庭にかけられた階段のもとに花が咲いていたのではないかと松谷さんは推察。当時は小ぶりのバラで中国由来ですが、その後世界各地に広がり、とくに欧米では大きく派手なバラが好まれたことから、現在の多種多様な品種が生まれてきたようです。ノイバラと照り葉ノイバラの違いも葉の付け根部分に差異があり、ノイバラは托葉と呼ばれる器官に櫛状の深い切り込みがあること、照り葉ノイバラは、葉に艶のあることと器官の面状が幅広いことを、毎回配布される松谷さんによるA3判プリントの裏面にも、イラスト入りで描かれていて〝ガッテン〟。表面はこれも手描きの植物園マップ。見どころとポイントが書き込まれ埋めつくされています。家に帰ってプリントを再読していると、わが家のアプローチに繁るのはノイバラと再確認。白い花は素朴でかわいいけれど、剪定の際はトゲに気をつけながらの難作業です。

クスノキの並木道では、ちょうど目の高さに枝を伸ばしているので立ちどまり、花の咲き方も説明。小さな花ですが、枝さきの12㎝ほどにある小粒の花はもう枯れて、まんなかの白い花が咲き、枝近くはまだ豆粒のような蕾です。「このように一度に開花させず、時間をかけて開花の時期をズラすことで、天変地異によるリスクを回避しているのですね」。なんだか教えられることの多い時間です。雨も上がってきました。大芝生を突っ切りながら、松谷さんが「おへそ」という中央で立ち止まり「ここで空を見上げ見回してから目を閉じてみてください。そして音と香りを感じてほしいのです。30分あとでは今と同じではないと思います。」せわしなくすごしているときこそ、このような五感を癒すひとときが貴重ですね。

源氏物語・第21帖「少女」に登場するのは「卯の花の垣根ことさらにしわたして」、卯の花の垣根をわざわざ周囲にめぐらして……。わが家にも玄関脇に毎年白い名をつけてくれる卯の花、ウツギ（空木）ともよばれています。雑木の林も、さりげない植え込みに分け入ると、源氏物語ゆかりの木々に出会えました。

水生植物エリアでは、甕の中からツンと伸びた茎のさきの白い蕾の羊草を示して、「なぜ羊草」と言われるのでしょう?」と問われても回答者なし。「それは羊どきの14時に咲くからです」。ぜひ14時に訪れてみたいものです。

いつもは入りこまない木立の中を、ズンズンと突き進むのも冒険のようで楽しかったですし、「花が咲いているときだけに注目せず、咲く前と後も気をつけて見てほしい」という締めくくりの言葉も心に刺さりました。

植物愛と植物園愛にあふれる元園長さんとの一時間。小川で流れに身をまかせているバイカモを、ご一緒にのぞきこむ大阪から来られた方もいて、皆さん大満足で解散となりました。

後日7月5日、植物園を通り抜ける機会があり、大芝生から北門へ向かう途中、ナンジャモンジャの木を見上げましたら、枝さきにちいさな青い実が鈴なり、はじめて実のつくことを知り、松谷さんのお言葉どおり、またしばらくして実が変色するのかを見たいと思った私です。

松谷さんが園長になられた2006年当時は来園者が減少していて、なんとかせねばという危機感から始まった「気まぐれ散歩」は、2018年11月に100回を数えました。「生きた植物を見せるのが植物園の使命。植物で府民に還元するのが仕事」と、来園者増加のために考えた企画のひとつでした。月1回のペースでつづけ、2010年に名誉園長となられてからは2か月に1回開いてきた人気企画です。折々植物園に出かけると、現園長・副園長・職員さんによるツアーが随時実施されていて、時間のあるときには耳を傾け、花ガラつみの袋を肩にかけた職員さんに、見上げるような常緑の大木から落ちた、真っ赤で美しい舟形の葉のことで質問すると「大カナメモチですよ、カロチンの分泌で赤くなります。庭の垣根でよく見かけるアカメの親分」と、アカメの赤とは似て非なるものと思うけれど、即答いただけて親しみやすさも満点。名誉園長さんたちのたゆまぬ努力の積み重ねが、植物園ファンを増やしつづける所以でしょう。

大正6年に設計が始まり開園した植物園は戦後、連合軍の家族宿舎が造られ、その後宿舎を取り壊して整地からあらためて造園にとりかかり、昭和32年10月に再開園しました。以後、府民や他府県から訪れる人々にとって、緑に囲まれた得難いロケーションとして存在し、なかにはちょっと広すぎるけれど、「マイガーデン」と勝手に思いこんでいる人が、私をふくめて多数いるにちがいありません。

２０２３年8月、京都に最接近した台風7号により、京都府内北部でも洪水の被害がありました。植物園では、最も高い針葉樹のセンベルセコイアが幹のとちゅうで折れたことを18日の新聞で知りました。約37ｍもあったのに樹高は三分の二。地面に落ちた幹は処分しない方針で、園によると「植物が朽ちて土に還る過程を入園者に見せる機会にしたい」とのこと。この台風により、約20本の木々のほか、花壇の草花なども傷んだ様子。２００本以上倒木のあった２０１８年の台風21号以来の被害の大きさとなりました。温暖化による自然災害の猛威が身近に迫ってきていることを実感します。温暖化を他人ごととせず、日々細かな努力を心がけたいですね。

3 賀茂川・鴨川 河川敷

北大路橋から植物園を望む
柳の若葉の向こうに雪柳と桜

東山から賀茂川と北山の眺望
右上に鴨川デルタが歴然
右手の並木は高野川
左下につづく並木は鴨川

ある日の河川敷

休日の鴨川デルタ

北大路橋から南を眺める　左手には大文字山
正面には山科・音羽の山並みも見える

北大路橋から北山方面を望む
右の森は植物園

賀茂川・鴨川　河川敷

植物園の南門からすぐ土手を上がり賀茂川の河川敷を歩きます。上流の彼方に北山の山並みを望み、南には北大路橋。川の両岸は遊歩道となっていて、ゆったりとした散歩道です。北大路橋から南東を望むと、東山の峰々の向こうに山科・音羽の山々がグラデーションとなり、二つの山並みが見えることによって奥行も広がり、ここも京都であることが不思議なほどの広大なパノラマです。犬友たちが立ち話をしています。ジョギングする人、トランペットを吹く人。ときにはアメフトチームがボール回しの練習。年々整備され居心地の良い河川敷は、市民の憩いの場でもあります。先斗町を歩くと、赤い提灯に千鳥の絵が描かれているのを良く見かけますが、都鳥とも呼ばれ、賀茂川や鴨川を飛び遊ぶユリカモメの姿です。アオサギも寒い季節には一本足で立ち、片足は折りたたんでいるのか、じっと身動きしないで沈思黙考、まるで哲学者の風情です。マガモの親子やオシドリなど、バードウォッチングにも飽きません。しかし鳥ばかりでなく、淡水に住むハエという魚も泳いでいます。鴨川では晩秋にハエ釣り大会も催され、達人の中には１００匹も釣る人がいると聞きます。ハエの稚魚は「鷺しらず」と呼ばれ、名ハンターの鷺でさえ見逃してしまうほど小さく素早いゆえの命名とか。京都賀茂川漁業組合もあり、四条大橋付近でも、早朝に腰まで川につかりながら、長い棹を優雅に力強く振り回しては小魚を針にかけ、経営する小料理屋の一品に加える、そんな釣り人姿も以前ＴＶで観たことがあります。

出雲路橋・出町橋をくぐり賀茂大橋で高野川と合流するあたりが鴨川デルタ。天気の良い日にはピクニックする人たちに人気のあるスポットです。北山から流れてきた賀茂川は鴨川と名称を変えて、さらに南へと流れて行きます。鴨川デルタの周囲には面白い形をした飛び石が各所に設けられ、その形状はカメやチドリ、三角おにぎりやひし型など遊び心にあふれています。飛び石は土砂の流失防止を目的に、生態系の保全も兼ね更に水に親しむという利点も生みます。休日には多くの家族連れや若者グループが、間隔70～80㎝というすこし勇気のいる「飛び石渡り」というチャレンジを楽しんでいます。

この川は下流に至るまで階段状に段差がつけられ、北山通りと京都駅間では東寺の五重塔と同じ75ｍの高低差があるとは驚きます。初冬のころ、街なかでは晴れていても北大路あたりから北では時雨が降っていることもあり、気象の変化は標高差のちがいからもよくわかります。南から北へは登坂となりますから後年、北から南へと歩くことが多くなったのは、楽なことと間違いがないので歳のせいでもありますね。（御苑や植物園も北からお邪魔します）

出町橋の西端には季節の花々が鉢植えで並べられた花屋「タネゲン」があって、散歩の途中で荷物になるのを承知で寄らずにはいられません。その西、河原町通りの向こうには「出町のふたば」。二重・三重となった行列が見えなければ豆餅も買いたい。「ふたば」から二軒南隣りのお肉屋さんで自家製のチャーシューも必須。「ふたば」の上手から西へと「桝形商店街」が伸び、対面販売の昔ながらの買い物通りは賑わっていますし、映画館「出町座」も生まれて地域を活性化させるプロジェクトとなりました。（京都市内は鴨川が北から南へ流れるので、北を〝上《かみ》〟、南を〝下《しも》〟と呼びならわす習慣があります）

ふたたび河川敷に戻り南へ下がると、桜どきには河川敷の各所にこんもりした白い雪柳の植栽も春景色を彩ります。賀茂大橋から荒神橋までの西側には京都府立医大の病院やキャンパスなどがつづき、途切れると朽ちかけたクスノキの老木が目印の、元久邇宮邸跡に建つ公的なお宿「くに荘」。荒神橋をくぐり丸太町通りまで来ました。左岸を「出町柳」から大阪・淀屋橋まで京阪電車が七条まで地下を走っています。それまでの「四条」が「祇園四条」と改名されたとき、「丸太町」は「神宮丸太町」となりました。平安神宮までは徒歩では30分くらいかかり、バスでも二駅。バス停は「川端丸太町」ですし、「鴨川丸太町」という駅名もありかしら、と思ったりしています。丸太町橋の西北一帯は、明治までは水運で栄え遊郭もあった三本木界隈。河原町通りからひと筋東の細道を北へ上がると、本好きにはたまらない書店「誠光社」があり、高野にある「恵文社書店」から独立された方が営んでいます。

この日、手にとったのは柳原良平さんの絵本『貨物船のはなし』。グラフィックデザイナーで、サントリーウイスキーなどのコマーシャルを多く手がけられた方です。世界の客船も描かれていて、二度ほどニット教室の講師として乗船した「飛鳥Ⅱ」も登場しています。船旅はホスピタリティーも十分に配慮され、寄港地では手ぶらで観光できることも大きなメリットです。オセアニアの島々を巡ったときや、世界一周クルーズの途中、ベルギーのアントワープからイギリスのサウザンプトン・リバプールを経て、初めてのアイルランド・ダブリンから、ニューヨークまでタイタニック号の軌跡をたどる7日間の大西洋航海が想い出されます。久しぶりに客船をテーマにニットのデザインをしてみようかと思わせてくれる絵本となりました。

丸太町橋の西北角には鴨川と比叡山を借景にカフェとフラワーショップ。丸太町通りに面した好立地で、東の窓際には、もう数十年は経つと思う元気な夏ミカンの木がシンボル。誠光社で読みたい本に出合ったら、カフェでさっそくページを繰るのも良いですね。オーナーは替わりましたが、スクスク育つミカンの木が冬の陽ざしを受けて、実の生る木が敷地内にあるのはいいものです。

私の河川敷ウォーキングも終点が近づいて来ました。御池通りまではあと少し。丸太町橋からほどなく、西の土手に上がると禊川《みそそぎ》。外資系ホテルのあたりまでは初夏のころホタルが舞います。暗闇に目をこらして清い水辺でしか見られないホタルとの遭遇に、今年も会えたと思えるひとときを過ごします。

禊川沿いにホテルの横を歩き二条通りを横断して、鴨川のひとつ西の木屋町通りを下がります。日本銀行京都支店の裏手にあたり、禊川が川べりにある「がんこ寿司」・旧大岩邸の庭伝いに流れこみ、木屋町通りをくぐって高瀬川となります。

高瀬川は文豪・森鴎外の『高瀬舟』でも有名ですが、柳が風に揺れる石畳の風情も一見です。一之舟入という船溜まりがホテルオークラの北側に並ぶ町屋街の裏手に広がり、角倉了以《すみのくらりょうい》という方が私財を投じて京都の商運に寄与した歴史が垣間見える場所でもあるのです。

寄り道しなければ、ゴールの御池通りまでは、と言っても移り変わる景色に見とれながら、80歳に手の届く私で40分ほどの距離ですが、静かな川音とともに歩けば、心身がリフレッシュできる京都ならではのおススメコースでしょうか。お時間のあるときに、ぜひ軽装でチャレンジしてみていただきたく思います。

珍しく斑点のある白鷺が、つめたい
冬の川で神妙に獲物を狙っている

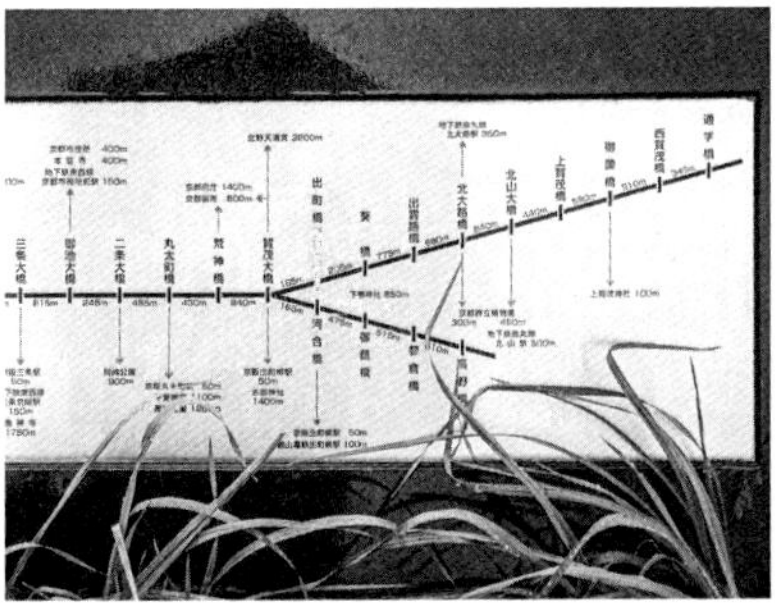

川に掛かる橋間の距離標識
北大路橋から御池大橋までは3825ｍ

西向きのウィンドー
いつも花が・・・・

4
烏丸《からすま》丸太町《まるたまち》

糸車をまわすカオリさん

モッコウバラの咲くSABU

厳選して探した布をデザイン

カオリさんの運動用
おシャレな自転車

オーストリアの革靴

烏《からすま》丸《まる》丸太《たまち》町

京都駅から真っすぐ北へ向かう烏丸通りと、御所の南に東西に延びる丸太町通りが交差する烏丸丸太町。南東角から南へ二軒目、初夏のころにはモッコウバラがビルの二階にまで届きそうに伸びている洋装店ＳＡＢＵ。所用があって地下鉄・烏丸丸太町駅で下車した折、丸太町を下がった西側出口④の階段を上がると、交差点の赤信号で立ち止まっている間、丸太町通りをはさんだ真向いに、うす茶色で四階建てのこじんまりしたビルが目に入ります。青信号で渡ってウインドーをのぞくたび、ディスプレイされているドレスや小ものが気になるお店でした。

ある日、思い切ってドアを開けると、おかっぱ頭のオーナーさんが出迎えてくださいました。気さくなオーナーさんは初めての私に、使われている布地の説明をされ、丹後にある工場で２００ｍもある一反ものを、「縦糸を決め、３～４種類くらいの、コートやジャケットなど目的の異なる横糸で織ってもらう」というお話をうかがって、スリムなのにすごくパワーのある方との印象を、そのとき強く感じました。たしかに布は平坦なものではなく、それぞれ織り方に工夫が見られ、色調もひとひねり。どこにもない自分に合ったものに出会いたいとしたら、夢が叶えられるお店にちがいありません。以来、ＳＡＢＵさんらしい季節感のある織地の切れはしをコラージュし、手書きのメッセージがやわらかいＤＭが届くようになりました。

襟などにカーブやダーツを入れたワンピース・ブラウス・ハーフコート・オーバーコートにパンツやスカートなど、季節ごとに新作が店内のラックに飾られ、年三回の展示会では二階のショールームでお茶や軽食をいただきながら、ゆっくり過ごす時間がＳＡＢＵタイムです。

初夏、五月の連休あけには「モッコウバラの会」。まさに黄色い八重の小ぶりのバラが枝を伸ばしながら花開くころです。モッコウバラはトゲがなく比較的育てやすいけれど、一年中細い葉が落ちてきます。わが家ではあまりにも掃き掃除がつらくなり、数年前に思い切ってバラを伝い這わせていたパーゴラを取り払った経験があります。しかし葉が落ちるとオーナーのカオリさんは、二時間ごと店の前と左右のお隣さんに気をつかいながら掃き集めるというのですから、その努力に頭が下がる思いです。でもそれほどにＳＡＢＵには無くてはならぬ印象的な存在でもあるのですね。

カオリさんは女子大の英文科で学び、在学中にふと目に留めた手織りに魅せられていきます。左京区白川通りの錦林車庫を上がった辺りにあった、私ものぞいたことのある手織り教室と糸の販売をするお店に通い織物を習得します。今もときおり店先のテーブルに小型の織機を置いていて、お店番をしながら織っている姿を見かけることもあり、それはマフラーやスーツ生地の制作中なのです。

20歳の成人式には振袖は要らないから機織り機を買ってほしいと、ご両親に頼んだほど機織りにのめり込みます。17歳でご親戚が暮らしていたフランスに出かけ、南フランスの光に魅了され、その後パリのファッション界も見聞きしながら、気に入った洋服に出会えないなら自分で作ろう、と独学で洋服づくりを始めます。後年パリのサロン展に参加して、ＳＡＢＵ の製品を取り扱ってくれる方にも出会い世界が広がり、30代には御所の乾御門の向かいに「ちっちゃい、ちっちゃい」というお店もオープン。20年前には現在の烏丸丸太町に移転。以後、着実に店を訪れるＳＡＢＵファンの心をつかみながら、毎日を楽しそうに過ごされています。「私は引っ込み思案なのよ」との言葉と裏腹に、会うとたちまちカオリムードに包みこんでしまい、何より手書きで季節の切手を貼ったＤＭが毎回１００枚というのもファンの多い証拠でしょう。

カオリさんは山野草が大好き。時間があると毎月21日には東寺の弘法さん、25日には北野の天神さんに出かけて、やさし気な山野草や赤絵や染めつけの器などをゲット。お店のウインドー越しにも、インテリアとして、のみの市で見つけた器と花がコラボしているのが分かります。昨秋、パリから岐阜のご実家に帰省していた友人の絵本作家・市川里美さんと、弘法さんを歩きまわったあとＳＡＢＵに伺ったところ、私が手にしている植木屋さんでの収穫と、そっくり同じ新聞紙で巻かれた袋がテーブル下に置かれていてビックリ。茎がクネクネと曲がって野性味のある黄色い野地菊と、背の低い濃いピンクの小菊は同じで、カオリさんはそれにプラス、背高の黄色い嵯峨菊。私は鉢カバーにしたたく苔の一枚を巻いたもの。同じ植木屋さんに行ったことが歴然の、偶然すぎるビジュアルに一同笑うしかありません。

「いつの時代も変わることのない美しく心地よいものをつくること」、それがカオリさんのモットーとするTIMELESS。「お洋服を売っているだけではないのよ」というカオリさんの言葉も、同じオーナーデザイナーとして共感できるものです。飾られているドレスはもちろん、モッコウバラの幹越しに、やわらかい陽が差し込む店内に置かれた家具や花と器・照明器具・装飾をふくめてSABUという空間にこだわりがあるからこそ、訪れるひとびとに居心地の良いオアシスを提供されているのです。

私とはひと回り以上も違うのに、なぜか話題が噛みあい同世代の親しみを持てるのは、若いころからすこし背伸びしながら、日本や世界の良きものに好奇心を抱いて暮らしてきたからにちがいありません。私のことも雑誌のグラビアレビューをした1981年当時、人気のあった集英社「セゾン・ド・ノンノ」誌で見ていて、「知っていた！」と言ってくれたときには驚いたものです。私が36歳、カオリさんはまだ10代の終わりごろのこと、アンアンやノンノ世代なのに、お姉さん的雑誌を読んでいたなんて……。モノトーンの雪景色のセーターやモデルさんのことまで覚えていることに、本当に感心・感激しました。

巻頭8ページをいただいたニットのページは、今は亡き女子美の先輩でスタイリストをされていた千葉万紀子さんの企画によりました。その後現在まで18冊のワンマンブックを刊行してくることができた、まさに入り口のような記念の雑誌でしたから、見ていてくれたことに感慨もひとしおです。

そんなカオリさんから、折々ご近所のお気に入りを教えてもらいます。お昼どきには烏丸竹屋町西入、「すぐそこ!」というお蕎麦屋さん「河新麺房」。ご高齢のお母さんと息子さんのふたりが狭い店内を仕切ります。オススメはネギうどん。玉子丼の小をプラスもいいですね。

気取らず、美味しいもの、自分がしんどくならないもの、本当に「なかなか無いのよね」と言いあいながら、お互い仕事を終えたあと室町通りを御池通り近くまで下がった、海鮮イタリアンの「オッティモ」でディナーをご一緒することも再々。「美味しくて楽しかったわね」と、翌日のメールが行き交います。

年三回の展示会、7月には「七夕会」、麻やコットンの涼しい布で、SABUの夏を提案され、11月には「霜待ち月の会」が開かれ、シルクウールやウール100%の手織りものなどの新作が展示されます。手染めのシルクのスカーフは、筒形にして両端は絞って重石がわりのベネチアングラスを留めつけていてお洒落。あまり布で創った花のブローチも素敵です。ワンピースやコートと同じ布でブローチを添えられるのもカオリ風。いまだに神戸まで通ってコサージュ作りを学ぶ姿勢にも敬服。いつも寸法直しやボタンの付け替えなども快く受けてくれて、とてもありがたいことです。さりげなく置かれている革靴はオーストリア・ウィーン製。パリで出会った方が履いていた靴に目を留め、メーカーを教えてもらって即輸入。決断が速いのは、常にお店のことを考えているから、知らずに立てているアンテナが作動するのでしょう。

夏の終わりに画材屋さんへ出かけたあとで近くのSABUに立ち寄ります。カオリさんはテープル横に糸車を置いて、手染めした羊毛を紡いでいるところでした。「手仕事が出来るって、ほんま幸せやわァ」。嬉しそうに手仕事しているひとを見ていられるのも幸せなことです。２０２３年９月、ＳＡＢＵは35周年とのこと、折よくパリから来日される「ボタンアコーディオン」奏者の伊藤浩子さんをお迎えして、９月半ばに２日間、２Ｆでサロンコンサートを開かれると伺いました。記念の年に素敵な企画ですね。久しぶりのよもやま話のあとでお店の外に出ると自転車が立てかけられていて、カオリさんの通勤用。洛北の方へ帰られるとき、「大文字さんが真正面に見えると、今日もお疲れ！　って言ってくれてるみたい」。京都は本当に緑が近いわね、という話に花が咲きます。後日、秋らしいストライプのプリント柄を、アコーディオンのようにコラージュしたＤＭが届きました。36周年に向かっても元気で頑張って！

　店名のＳＡＢＵは、インドネシアの手織りが美しいサブ島からいただきました。織物を学んだカオリさんは、旅をしたインドネシアでも、バティック染めのジャワ島よりもさらに印象が強く心に残った、草木染のイカット織を生み出す島の名に迷いなく決めたそうです。京都に一軒、ブティックというより、オーダーメードの叶う洋装店と呼びたいＳＡＢＵは、烏丸丸太町で常緑のモッコウバラとともに、今日もお客さまをお迎えしています。

ウィンドーニット
「天使とモチーフつなぎのジャケット」

フランス、スイス、イタリアなどの
職人がデザイン制作した
貴重なボタンたちの一部

いつも仲良し
本間さんファミリー

5 寺町二条

エクランの外観

目移りしそうな
可愛いボタンのコーナー

整然と並べられたボタンのミュージアム

寺町二条

ニットデザイナーとしてボタンは必需品です。京都へ来たころ市内にはボタン屋さんがたくさんありました。いつのまにか一軒また一軒とクローズされて、私にとって京都のボタン屋さん第一位である寺町二条の「エクラン」さんと、あと数軒となりました。寺町二条といえば、以前東南の角にくだもの屋さんがありました。作家・梶井基次郎の『檸檬』に登場するお店です。北と西がオープン、角を曲がるたびにフルーツが盛られたカゴが目に入り、バナナや桃にりんごやミカンと季節の移ろいを感じたものです。（現在は閉店）

その南隣りに洋装材料のお店「ヨシミ」があり、その一軒おいた南に中古家具屋さんが並んでいました。結婚したてのころ、その家具屋さんで低めの丸いしっかりした黒っぽいテーブルを求めたことがあります。わが家で長年愛用し、昭和の味わいのあるお気に入りでした。いつのころか家具屋さんがシャッターを下ろしたと思っていると、ボタン屋さんに変身。まるでマジックのように「ヨシミ」から奥の細い通路を抜けてボタン屋さんにお邪魔することができました。「ヨシミ」で番頭さんをされていた本間さんが独立されたのです。

私はそのころ夕刻5時に店を閉めると、表通りでタクシーをつかまえ「寺町二条」まで山科から蹴上の峠を越えて月に1、2回通っていました。6時にクローズされるボタン屋さんまで時間内にたどり着けるかと、ラッシュアワーで渋滞する三条通りでやきもきしたものです。ちょっと遅くなりそうなときは、出かける前に電話をすると、「いいですよ、お待ちしています」のご返答にほっとしたものです。

2009年3月、30年でショップをクローズし、同年5月よりレッスンクラスのみのアトリエとしてからは、働き方改革もあり、休日もふやし、アトリエ時間も4時半までとなりました。

夕刻にバタバタせずに地下鉄で出かけたり、休日などには午前中に伺って、そのあとの街散歩も恒例となっています。できあがった作品を持参して、ぴったりなボタンを探すときは至福です。素材にもよりますが、マットで艶のない直径1・5㎝サイズを探します。本間さんの頭の中には在庫の一覧がありますから、手前のガラスケースの上にニットを置いたとたん、一階の店先の棚には無いと判断されると、一階の奥や二階へ上がって箱を持ってこられます。ピッタリなことがほとんどですが、微妙なところがあれば裏手の工房で、染色可能なボタンを染めて、色を合わせてくださいます。編みあがった作品は、付けられたボタンによっていっそう出来栄えがよくなりますから、ひと手間かけてくださったことにいつも感謝しています。

本間さんは日本各地のボタン工場はもとより、海外のボタン事情にも精通していて、ドイツ・イタリア・スイス・フランスなど各国のボタン屋さんや工場のこともよく知っています。ところがもう10年ほど前から工場の閉鎖や職人さんの減少についてのお話が多くなりました。バックヤードにはまだまだ長年蓄えられてきたボタンがギッシリあることは承知していますが、何ごとも永遠ではありません。私も作品のデザインをするときに、需要の多い1・5㎝ではなく1・8㎝のものに替えて数を減らすなど工夫をしています。

レッスンでは、生徒さんの作品が出来上がると、ボタンを合わせて付けて差し上げます。ボタンに合う付け糸を多色で揃えていることによりますが、付け終わって、「よくできました！」と、言いながら居合わせたクラスの方々と拍手をして、努力を讃えられるのも幸せな時間です。

「わあ、ボタンが素敵、ピッタリ！」との感想も嬉しいもの。エクランさんのバックヤードとは比べものにはなりませんが、私も集めたボタンを色別に収納して大切にしているからこそ、妥協をせずに作品を引き立てるお手伝いができています。

ヨシミさんとの連絡通路を閉じられ、店名を「エクラン（フランス語で宝箱）」とされたのが2002年。それからでも21年、長いおつきあいです。この間、TVや雑誌などの取材も相次ぎ、遠くは九州からもお客さんが見えます。アクセサリー作家さんもいて、ボタンをイヤリングや指輪に変身されているようです。かなり以前からお嬢さんのチサトさんがお店を手伝われていて、発信も今風ですから若いエクランファンが急増しています。チサトさんは美大でグラフィックデザインを学ばれていたことも私と共通項があり、オーナーのお父さんともあれこれ話に花が咲くのですが、チサトさんとは旅のことなどで情報交換する機会が多いのです。

２０２３年1月末から私は友人とふたりでスペインのバルセロナへ旅しました。チサトさんはコロナ禍より前にご両親と三人でバルセロナへ行かれた経験から、とても耳よりなアドバイスをいただきました。中心部のコロニアル広場からもそう遠くない裏通りに手芸店があること、カタルーニャ音楽堂の見学では昼間しかみられない場所がある等々。グーグルから検索されたＭＡＰも用意してくださったので、いろどりの美しい帽子屋さんがある細長い手仕事通りの面影をたどりながら「Ｓａｎｔａ　Ａｎａ」を見つけました。手芸全般を扱う品格のあるお店でした。入口は狭くても京都のように奥行のあるお店で、一番奥に天井ちかくまでボタンの棚がぎっしり、それはエクランさんに似て親しみのある光景でした。

カタルーニャ音楽堂も昼間に見学をすませておいて大正解。その夜スパニッシュギタートリオとフラメンコダンスのコンサート（素晴らしかった！）に出かけてみると、昼間見た通りに面した花柄モザイクの柱が並ぶバルコニーへは出ることができず、これもアドバイスがなければ見逃していたことになります。「サグラダファミリア」を設計したガウディが学生であったころ、音楽堂を設計したモンタネールは教授でした。「石の花園」と言われるほど音楽堂全体が花のタイルで埋めつくされ、モザイク柄の殿堂に、どれほど感動したことでしょう。コロナ禍で海外へ行けない間、チサトさんと私は京都市内でホテル泊を楽しむという裏技を駆使して、旅の気分を味わっていたのも共通しています。

大事なことを忘れています。もう10年くらいになるでしょうか、「エクラン」のウインドーに私のニットが飾られているのです。寺町通りを行き交う方たちに見ていただけたらという思いを受け止めていただけて、今でも二か月に三点くらいのペースで季節のニットを入れ替えています。

昨年、パリ在住の絵本作家・市川里美さんから思いがけないメールが届きました。「これ麻子さんのニットでしょ?」、添えられた写真はまさにエクランさんでのウインドーニット。15㎝角で天使などのモチーフを編みつないだ、アンジュらしいジャケットです。里美さんの東京に住む友人が「京都へ行ってきた」と旅の報告に添付されていたとのこと。清水寺とか祇園の写真でなく、ボタン屋さんのウインドーというのも唐突ながら、感性が響き合ったのでしょうか。さっそくエクランへ伺ったときプリントした写真を持参して、東京・パリ・京都の三都物語に話が弾みました。

寺町通りは上京区から中京区を下がって下京区万寿寺通りまでつづく長い通りです。二条通りから丸太町通りまでは道幅も広く、お茶の「一保堂」など京都らしいお店があり、またここ数年でカフェや雑貨のお店も増えました。

昨秋、背の高い鉢植えの「藤袴」が通りの両側に並んでいました。白いフジバカマも珍しいものでしたが、エクランからの帰途、鉢植えに誘われるように北へ向かうと、竹屋町通りの突当りとなる「革堂・行願寺」や「下御霊神社」では手づくり市も開かれ、植木や焼き菓子などの出店もありにぎわっていました。五月には「下御霊神社」のお祭りもありますし、折々伺うことで寺町通りのさまざまな表情に出会えます。京都へ来られたら、どうぞひと足伸ばして寺町・二条界隈へお越しやす。

6 マルシェ

「ル バカ サブル」の
フランスパン

関西日仏学館

焼菓子屋さん

案内看板

ヨーロッパの雑貨屋さん

モロッコのアルガンオイル

シャンソンを歌う人、聴く人

クロスステッチの本

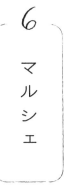

マルシェ

バスで東大路通りを北へ上がっていたとき、アンスティチュ・フランセ関西（本年4月から、馴染みのある旧名・関西日仏学館に再改名）のガーデンにテントが幾つか並び、何やら楽しそうなマルシェ風景が見えました。所用を終えて帰りのバスでは「京大正門前」で下車してお邪魔します。関西日仏学館ではフランス語の講座や講演会が行われ、図書室やレストランがあることは知っていましたが、マルシェの存在は初めて知りました。数年前のことです。寒い季節だったでしょうか。テントの数もそれほど多くはなくて、ハーブのリースやパン屋さんなどが印象に残っています。

それからときおりマルシェへ。最近では2023年6月18日に出かけます。月に一回、日曜日に開催されていて、今までで一番テントの数が多く、にぎわっています。梅雨どきなのに雨の心配もなく、ガーデンの木々もゆったりと重たい風に揺れていて、足元の芝生の間に咲くシロツメ草もオシャレに参加しています。一番の目的は「アルガンオイル」。なんだか出会えそうな予感がしてやって来ました。アルガンオイルとの出会いは、2020年3月初旬、コロナ禍に突入寸前のモロッコ旅行。古都フェズのスーク（市場）で求めたのが最初です。アルガンという木の実をつぶして抽出したオイルは無農薬で体にやさしく、それからずっと常は個配をしてもらうLコープのカタログで注文し、ヘヤオイルとして愛用しています。

テント巡りをしているとありました。テーブルに並んだ60mlの小瓶、バラ水も販売。ご主人はモロッコの方という、小柄な女性が品質の確かさを説明してくださいます。もちろんいただきましたが、テーブルに置かれた映画のチラシも手に取ると、「これはスタッフ全員がモロッコのひとたちで作ったもので、イイですよ」と、太鼓判を約束。タイトルが素敵ではありませんか、『青いカフタンの仕立て屋』。久しぶりに観たい映画に出会えた気がします。

アンチックの小ものを売る人と、焼き菓子を売る人が仲良くひとつのテントにいます。イチジクやベリーなどのドライフルーツの入った焼き菓子と、オレンジを練り込んだものを可愛い小袋に入れていただきました。パンも数店舗出店していて目移りしそう。素朴な形のカンパーニュに決めて順番待ち。東山三条にあるヴィンセントさんのお店「ル　バカ　サブル」の出店。行列は、手際よく応対しているクレモンさんの人気もひと役かっているのかも知れません。

関西日仏学館は、1927年に当時のフランス大使の提案によって九条山に設立されました。その後、白くて美しいたたずまいの洋風建築は、京都大学のキャンパス内のような現在地に1936年に建設されて、国の登録有形文化財にも指定されています。

ここはフランス語を学ぶ人、フランスが好きな人、とにかくここの雰囲気が好きな人たちの集まりです。学館入口の左わきにはステージが設けられ、シャンソンを歌う人がいます。チェロを演奏する人や、ワインを片手に音楽に合わせて体をゆすっている人、コーヒーを飲みながら、おしゃべりする人もいて、なんともオシャレなＢＧＭつきのマルシェです。学館一階のロビーではブキニスト（古本屋）。思わず手に取ったのはクロスステッチの本、小型で90ページの薄型も気に入りました。売り場で「セ・コンビアン?」と聞けばよいのに「ハウ　マッチ?」と尋ねてしまいましたら「ドゥソン……」と言われたので、あァ２００円と思い５００円玉を出すと、３００円のおつりで正解でした。見ているだけでほのぼのしてくる一冊です。

はじめてヨーロッパに出かけたのは33歳。ひとりでジュネーブ・パリ・アムステルダムを巡るツアーに参加しました。帰国してフランス語を学びたいと考えていると、ある日、新聞の三行広告欄（電話番号も書かれていて、いまでは守秘義務とやらで、まったく見かけない）で「フランス語教えます」に目がとまり、京大大学院生から教えていただくことになりました。一乗寺の山を詩仙堂の方へ登った中腹にある古い洋館のＯ先生宅に伺い、初歩からのスタートでしたが、半年もつづいたでしょうか、ちょうど自宅に小さなお店をオープンすることになり、子育てとも重なって片道一時間半の通学を断念せざるを得なくなりました。しかし、先生のお宅の応接間に飾られていた愛らしい手作りの人形に魅せられ、それは先生が語学留学していたパリの下宿近くのお店で、近所の女子高校生が作ったものだと知り、次回学生たちを連れてパリに行くときに買ってきてくださるというのです。髪の毛は本もののブロンドで、アンチックのレースで縫われたドレスや髪に結んだ細いリボンも何もかも、唯一無二の宝もの。すこし色褪せましたが、今もアトリエの窓枠の上に二体が寄り添うように座っています。

お店の名前を考えるのにも協力していただきました。とにかくフランス語にしたく、いくつかの候補をあげていただき、いっしょに検討します。その中からａｎｇｅ＝アンジュ＝天使を選択。山科には安朱《あんしゅ》という地名があり、京都丹後の昔話に『安寿と厨子王』もあり、親近感を覚えたのです。もちろん夫も賛成して１９７９年3月に「毛糸小舎《けいとごや》アンジュ」がオープン。紙袋やラベルにはパリの人形をイラスト画にして用い、白地に黒のイラスト袋は、長年お客さまたちに気に入っていただけました。以降、自宅兼ショップをリニューアルして店名を「メゾン・ド・アンジュ」とした折や、ショップをクローズしてレッスンクラスのみの「アンジュ・アカデミー」としても、いつも必ず「アンジュ」だけは手放さずにいます。

アンジュをオープンすると忙しくなり、ライフワークとして学びたいフランス語でしたが、以降O先生との音信も途絶えました。ところが数年前、O先生をふくめた数名の名物教授が定年で退官されるという記事を新聞で発見。やはり京都大学のそれも名誉教授になられていたのです。長年のご無沙汰をおわびし、短期間ですがお世話になったお礼と、いっしょに考えていただいた「アンジュ」を今もつづけていることをしたため、そのときＡｍａｚｏｎからＰＤＦ出版した、最新刊の『ラブリーニット　デザイン50』を添えて、所属されている研究所にお送りしました。数日後、「覚えていますよ」と、丁寧なお便りとともに、分厚いご著書が届きます。ご住所も一乗寺の山手から街なかへ移られていました。フランス語の基本のキだけでしたが、教えていただいたことで、アンジュのシンボルのようなお人形に出会えて、三行広告への感謝が蘇ります。

マルシェに出かけた翌日の午後、さっそく映画『青いカフタンの仕立て屋』を観にいきます。映画館は、烏丸姉小路にある「UP　LINK」。コロナ禍でしばらく遠のいていた映画館、そしてUPLINKは初見です。「NTT京都」の敷地跡に建てられた新風館が再リニューアルした際、ホテルと地階に映画館が新設されました。存在は知っていましたけれど、入ってみると随分オシャレ。アニエスベーのロゴもネオンサインとなって太い柱にさりげなく飾られ、タイアップされる映画があるとTシャツの販売もあるそう。4つあるスクリーンは、どれも大きくないけれど座席も前と後ろで傾斜があり鑑賞に適していて気に入りました。

映画は、仕立て屋の二代目と病弱な奥さん、そして若い職人の三人が主役です。光沢のある青いシルク地を裁断し、金糸を撚り合わせてブレードを造り、縁飾りや刺繍に用います。カフタンが仕上がるプロセスに寄り添って流れる、哀しくも美しい物語。観に来て良かったと思い、前日、マルシェに行かなければ、存在すら知らずにいたかも知れません。

その日、帰宅すると、ポストにパリ在住の絵本作家、市川里美さんの新刊が出版社より届けられていました。『ぼくのともだち　ガムーサ』。ガムーサとは、エジプトで牝の水牛のこと。昨年からエジプトのお話のことを聞いていましたから、さっそくひと息で読んで、パリに電話をします。「スフィンクスを擬人化したり、里美さんらしい素敵なおはなしね」というと、「わァ良かった！日本の人たちはピラミッドやスフィンクスのこと馴染みじゃないから心配していた」とのこと。いつもながら現地でスケッチを山ほど描いてきたのでしょう。まだ若きころ、アメリカの出版社の編集者から「良く良く見て来なさい」と旅に出る前に言われたと聞いたことがあります。今もしっかりと見て描いているに違いなく、それが世界各国で１００冊近く出版されつづけていることにつながっているのです。

「ところでこの前モロッコとフランクフルトに招待されて（多分フランス文化センターのお仕事）行ってきた」と聞いて、「今、モロッコの映画を観てきたところ」と話すと、「私も観た、モロッコでみんなが話していたから、パリに帰ってきて観た。すてきな映画だったわね」。なんて偶然でしょう。まるでご近所さんと電話しているようでした。世界は狭い、と思ったところで、里美さんが興味のありそうな映画の予告を伝えます。『世界のはしっこ、小さな教室』（これも後日観賞）。アフリカや北極に近い学校のドキュメント映画です。先生のひとりが、「どの子も落ちこぼれさせたくない」という言葉に、今まさに戦争をしている国の子どもたちを思い、二人で平穏な地球を願う気もちがひとつになりました。

里美さんの暮らすモンマルトルの丘の上にある瀟洒なアパルトマンは、片隅に葡萄畑がありバラなどの花の咲く素晴らしい庭があって、4階のメゾネットスタイルのフランス窓を開けると、サクレクール寺院の後ろ姿がパノラマのように広がる夢のようなお部屋です。私にとって、海外ではどこよりもオアシスとよべるところですが、今回は京都に限定しているので、またいつか京都から出かけるオアシス巡りのことを書くことがあれば、一番に登場となるでしょう。

パリに行くと必ず里美さんと出かけるヴァンブの蚤の市。並木道に沿って歩道の両側にぎっしり1kmも露店がつづいていていますが、フランスの香りのする京都のマルシェは、パリのマルシェにいるように錯覚してしまうほど、雰囲気はト・レ・ビアン!!

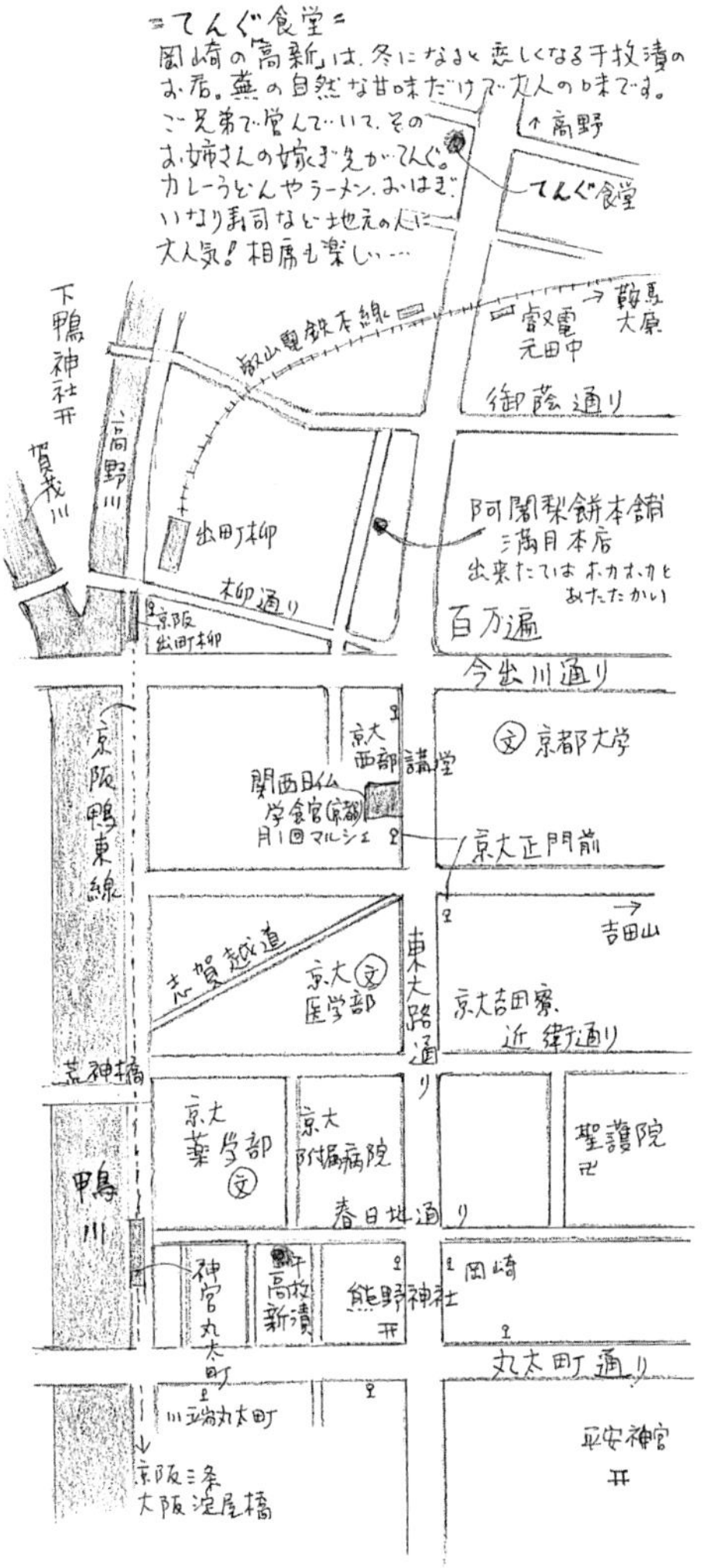

7 祇園・八坂神社

疫神社・夏越祭

厄除けのヒオウギ

後祭　河原町通りにて

鉾の到着を待つ
お接待の舞妓さん

花笠行列

祇園・八坂神社

毎年6月に入ると京都のひとたちは、なにやら落ち着きがなくなります。この年に長刀鉾のお稚児さんを務める主役がお披露目され、厄除けの「ちまき」作りも始まり、いずれも取材報道によって夏の近づきを感じるのです。コロナ禍で取り止めや縮小されていた祇園祭も今年は4年ぶりに全面解禁となりました。各山鉾の装飾も新調されれば話題になりますし、見物席も河原町御池の「辻回し」という巡行の中でも見どころの一角で、観覧席一席40万円には驚きました。

ある年、もう20年も昔でしょうか、友人と映画を観た帰りに鴨川の河川敷に設えた「床」で夕食を楽しんでいました。暑い夏に、夜風を感じながら京料理をいただいていると、「ホイトッ　ホイトッ」と地響きのような音が四条大橋から聞こえてきます。どうやら四条の御旅所から八坂神社へ戻る還幸祭のお神輿のようです。

この日は24日。17日の巡行が終わり、安置されていた中御座・東御座・西御座三基の神輿が八坂神社に戻り、最後の神事が深夜おごそかに執り行われます。見たことのない光景に興味を抱き、先斗町から四条通りに出て、行列のあとにつづきます。四条通りの突き当り、「石段下」と呼ばれる八坂神社前の路上で、三基の神輿が合流して「神輿かき」が勇壮な掛け声とともにクライマックス。歩道に溢れる見物客も次第に興奮してきます。その後、神輿三基は神社の南楼門から境内に入り、お行儀よく神殿前に横並び。明かりがすべて消され、各神輿の魂を抜く、おごそかな神事が暗がりで行われる様子を、深夜まで居残った人々が固唾をのんで見守りました。

6月末ともなると、鉾町では鉾建ての準備が始まり、電柱に鉾先が触れぬよう黄色いネットが巻かれ、歩道の各所に大きな行燈が立てられて、私も所用で街へ出かけると、お祭り仕様の光景に出会い、それだけでソワソワしてしまいます。

7月1日、毎年、選ばれた長刀鉾のお稚児さんが、祭りの無事を祈って八坂神社にお参りする「お千度の儀」。各紙いっせいに大きな朱色の傘を差しかけられたお稚児さんの写真を掲載して、いよいよ祇園祭に突入！

この日、各山鉾町では神事始めの儀式「吉符入り」。2日には「くじ取り式」が市役所の市会議場で行われ、長刀鉾以外の巡行の順番が決まります。数年前から前祭《さき》と後祭《あと》に分けられ、前祭二十三基の巡行は17日、後祭十一基は24日。

1日から8日まで、山鉾町各所からお囃子が聞こえてきます。窓を開け放った町家の二階でお囃子稽古が行われているのです。歩きながら見上げて二階囃子の生コンチキチンを聴けるのはたまりません。

5日には、京舞井上流家元と門下生の芸舞妓70人が、おそろいの浴衣で八坂神社に参拝し、芸事の上達を願う「お千度」。恒例行事としてこれも新聞で取り上げられ、白地に藍の扇柄も清々しく、いよいよ夏の到来を感じるものでした。

10日に「神輿洗い式」、11日に鉾建て、12日から鉾の具合を試し曳きする「曳き初め」。今年はいつ出かけようかと空模様も見ながら人混みは避けたく、13日夕刻、仕事を終えて四条へ。夏の夕暮れに四条通りに並ぶ鉾三基「長刀鉾・函谷鉾・月鉾」、毎年その光景を見ずにはいられません。駒形提灯に明かりが点り、浴衣姿の囃子方が奏でる力強いお囃子を聞きながら、手のひらサイズのカメラを取り出し写真を撮ります。観光客に交じって会社帰りの方々も、なんだか嬉しそうにスマホで撮影しています。長刀鉾では「本日のちまき授与は終了しました」の張り紙が掲示されもう完売。毎年、巡行の一番を行く「長刀鉾」のちまきは大人気です。朝10時には行列ができて確保は至難の業、エネルギーを要する「ちまき合戦」。しかし、長刀鉾にかぎらず「ちまき」の転売が問題となり、何ごとも過熱は危険と思います。

私はその年に出会った山鉾のいずれかで求めます。昨年は四条室町を上がった「菊水鉾」。その前年は四条新町の「放下鉾」。「黒主山」や「鯉山」・「船鉾」などなど。今年は四条室町を下がった池坊学園の前に建つ「鶏鉾」。ちまきを買うと観覧券をくださいました。せっかくなので会所のあるビルの二階へ上がり、16世紀にベルギーで織られた中世の風俗が描かれた気品ある絨毯など、鶏鉾の懸装品を拝見。

14日の午前クラスでレッスンをしていると、話題は自然に祇園祭となり、修学院から来られるY

さんが、耳よりな話を聞かせてくれました。お知り合いに「函谷鉾」にご縁のある方がいて、16日の宵山の夜10時ごろ、コンチキチンのお囃子が終ったとたん、駒形提灯のあかりが消され、一瞬で提灯が下に落とされるというのです。居合わせた誰もが知らない「提灯落とし」に沸きました。

17日の巡行が四条河原町の辻回しを終え、河原町通りを北上しはじめると、いつのころからか見かけなくなりましたが、以前は鉾の囃子方や屋根に乗った大工方からちまきが投げられていました。御池通りで左折して西へ進み、新町通りを下がりながら各山鉾は、それぞれの町内に戻ります。新町通りでコンチキチンのお囃子もテンポが変わり戻り囃子となり、道幅が狭いので、汗だくの曳き手さんが迫ってくるような臨場感。鉾の屋根と町家の二階も手が届きそうな距離ですから、おなじみさんの手元へちまきが投げ入れられて、歓声があがる光景も見たことがあります。放られるちまきは、事前に水につけて重さを加えていたようで、お返しに町家からアイスクリームが投げられたそう。今でもつづけられているのか定かではありません。のどかな時代のお話です。

24日、この日は休日で寺町二条のボタン屋さんへ行く予定があります。ちょうど花笠行列と後祭巡行の日です。いかに効率よくお祭りに出会えるかと思案して京都駅から地下鉄・烏丸線に乗車。四条烏丸で下車し、交差点の東北で、9時半に下京中学・成徳学舎をスタートする花笠行列を待ちます。

かわいい「ホイトッ　ホイトッ」の掛け声が近づき、まずは明倫・教業などの小学生が曳くこども神輿の屋台。和服姿の行列や獅子舞、5頭の仔馬に乗ったりりしい5人のお稚児さん。山車に乗り込んでいるのは美しい芸舞妓。花笠のぼんぼりも華やいで、欧米人も多い観光客が歓声を上げています。

以前この光景をバスの車窓から見かけたことがあります。ちょうど石段下の手前あたりで交通規制にあってしばらく足止めされていたので、涼しい車内からの見物でした。しかし今回のように行列の最初から最後までを見通せたわけではなく、四条御旅所での順番あらため儀式も遠目に見る程度でしたが、今回ようやく全貌を把握できました。

四条河原町近くまで歩き、八坂神社に向かうご一行を見送りながら、裏寺町を北上してつぎは後祭の巡行です。蛸薬師通りで河原町通りに出ると、まさに南行する先頭の「橋弁慶山」に遭遇。北へ向かいながら「南観音山」・「浄妙山」など順番にすれ違い「役行者《えんのぎょうじゃ》山」では山伏さんたちがほら貝を吹いています。河原町御池の交差点で「鷹山」が辻回しをしているところまで来ました。後祭最後11基目の大船鉾も寺町通りの向こうに進んできています。前祭とは逆に烏丸御池からスタートする巡行ですから、この日のような行程がかなえられたのです。17日の巡行のような混雑もなく、後祭は宵山に夜店も出ませんから、人出を避けたい方にはお勧めかも知れません。

昨年196年ぶりに巡行に復帰した「鷹山」ですが、19日に室町衣棚《ころもだな》で鉾建てを終えた直後の組建てを眺めているので、美しい懸装品をまとい、辻回しをする勇姿に感慨深いものがありました。

そろそろ寺町二条のボタン屋さんへ行かねばなりません。地下街の御池ゼストを通り抜け、エクランさんでウインドーニットの入れ替えと、ボタン選びをさせていただきながら、涼しい店内でオーナーの本間さんとチサトさんと三人で語り合ううちに汗も引っ込み、まさにオアシスタイムですね。ちょうど用事があったとはいえ、暑くて家から出たくない真夏に出かけ、観光客の方々に交じってお祭りに出会え、それが嬉しくて、やはり永遠の旅人と思うひとときでした。

7月31日10時、八坂神社の鳥居をくぐってすぐにある疫神社で、一か月にわたる祇園祭を締めくくる「夏越祭」が行われます。茅の輪をくぐり氏子組織や山鉾関係者が参列し、祭りが無事終わったことを感謝する神事です。

夏越祭には墓参の帰りに出会いました。わが家の墓所は大雲院。円山公園から高台寺に至る「ねねの道」に曲がる角にあります。私が京都へ来たころは、四条河原町の高島屋の南に広大な墓地があり、河原町通りから入って寺町通りまで見渡せました。しかし周辺が繁華街となり、実業家・大倉喜八郎氏の別荘であった現在地へ移転します。以来、大倉氏が昭和3年に建てられた京都市街を一望できる、山鉾の塔屋を持つ祇園閣のある静寂につつまれた、いつも清々しい気分にひたれるお寺に墓参をしています。

大雲院は、1587年（天正15年）、正親町天皇の勅命により、織田信長・信忠父子の菩提を弔うため開山。烏丸二条にあった御池御所を賜り、信忠公の法名にちなんで大雲院とされました。その後、豊臣秀吉の命により寺町四条に移るという、なんとも畏れ多い寺院ですが、信長・信忠の墓石とともに、墓地の一角には大盗人・石川五右衛門の墓石もあります。

毎年、義父の命日8月1日の前日に墓参（当日はご住職さんが棚経参り）。地下鉄東山で下車。古川町商店街を通り抜け、柳の揺れる白川にかかる石の一本橋を渡ります。比叡山の阿闍梨さんが、千日回峰行を終えられ、粟田口にあるお寺へご挨拶に伺い、その後京都に入るときに必ず渡られる橋です。ゆえに行者橋とも呼ばれています。まだ今のところよろけもせずに渡っていますが、今後はいかがなものかと毎回思います。

知恩院へ向かって幅広のゆるい坂道を登り、突き当りの黒門を右折して南へ。観光バスの駐車場の向かいが知恩院の見上げるような三門。「華頂山」と額をかかげた御門を支える太い柱が額縁となり、しばし立ち止まって、まだ上へとつづく階段わきを彩る青紅葉や紅葉をうっとり見上げます。円山公園を抜けて、長楽館を右手にさらに進むと、左手には円山野外音楽堂。その向かいにあるのが大雲院。ご門は常には入れませんから、脇の木戸から伺います。お盆など束になったお札を事務所でいただくたび、石井家の祖先に思いをはせ、応仁の乱も生き延びてきた、京の町衆のひとりであったことを思うと感慨深いものです。

墓参を終えて、東山の山上へもつづく東大谷御廟への参道、広い石畳を下ります。八坂神社の南楼門から境内に入り、いつもにぎわっている本堂で手を合わせ、石段を下りたときに、夏越祭に出会ったのです。もう神事は終了の時間、お参りするひとが列をなしている後につづきます。茅の輪をくぐり手を合わせ、願い事を聞いていただき、積み上げられた茅の穂数本で丸い輪を作ります。家まで持ち帰って祇園祭のちまきとともに、一年の無病息災を祈るのです。以来、疫神社には夏越祭でなくとも、墓参の帰途には必ず寄ることにしています。夏越祭の賑わいを知らなければ、常は静かな社です。祇園祭の原点である疫神社は、義父の命日との巡り合わせがなければ、いまだに素通りしていたかも知れません。

夏越祭は炎暑の中の神事です。茅の輪を作り終え、石段を下りて四条通りを西へ歩きます。目当ては南座の東、縄手通りから階段を上がった「とらや」でのかき氷。白玉ぜんざいに和三盆をかけたハーフサイズが丁度いい。真夏の京都はなんとも暑くてやりきれませんが、京の夏氷は、お寺から南座まで歩いてきた喉の渇きを、瞬時に鎮めてくれる特効薬です。

8月1日、祇園祭が終了した翌日は「八朔の日」。芸舞妓たちが、芸事の師匠やお茶屋さんに感謝の思いを伝えてまわる夏の行事です。暑さきびしい日差しの中、黒紋付きに日傘をさして、足早に祇園界隈をまわります。なんの都合だったのか、遠い記憶ですが1日に墓参をしたあと、知恩院黒門前から東大路通りに出て、新門前通りを西へ。縄手通りに出るまえにあった「お香や」まで歩いていると、カメラを持ったひとだかり。お香やさんの向かいにある黒塀に松がのぞく邸宅は、それまで露とも知らなかった京舞・井上流のお師匠さん宅だったのです。一瞬を狙いたいカメラマン諸氏に交じって、私もおこぼ（ぽっくり）を履いた舞妓さんたちの登場を待ちました。

今、コロナも5類となり、京都もふたたび観光客が戻ってきています。コロナ禍の間、バスや地下鉄はガラガラ、先行きを不安視しながら、なんとか耐えてきた京都です。しかし観光客が増えると問題になるのが、舞妓さんへのパパラッチや、バスの混雑などのオーバーツーリズム。実際満員バスに通過されてしまうこともしばしば。市民生活に支障が出ますが、コロナ以前も解決に至っていない観光対策ですから、見通しは明るくありません。日本でも海外でもトラム（路面電車）の走る街が好きです。車幅もあり車高も低く、弱者にやさしい乗りものです。京都に再び市電をという志を抱く方たちがいなくはありませんが、実現は夢のまた夢でしょうか。

祇園石段下を走る市電の写真がありました。赤い楼門と市電の風景は佳き時代の京都です。甦ってほしい京都ですね。

京の夏氷

・・・

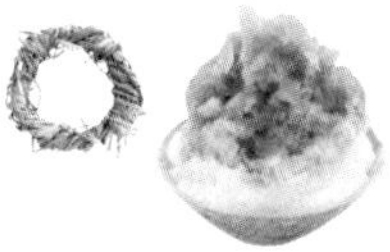

祇園・四条「とらや」
白玉ぜんざい・和三盆
ハーフサイズ

夏越祭でいただいた
茅の穂で輪を作りました

西陣「茶房うめぞの」
黒糖ココナッツ志るこ氷

ココナッツミルクと黒糖を
合わせて、志るこ・
アメリカンチェリー・
ドライフルーツ・白玉添え

北山「マールブランシュ」
モンブラン氷

15cmの高さの氷に
モンブランがグルグル巻き
底にはババロア
マロンのペーストも氷と仲間
カシスやカスタードの
トッピング添え

8 衣笠・原谷《はらだに》

雪柳と枝垂れ桜

桜と雪柳

椿と桜

シャクナゲと桜

青山荘（食事処）
※要予約

桜とつつじと雪柳

桜・つつじ・雪柳・やまぶき

日向ミズキと桜

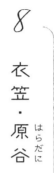

衣笠・原谷《はらだに》

都の西北に「金閣寺」、観光シーズンともなると金閣寺へ向かう市バスは超満員。誰もが金箔に輝く国宝の寺院を訪れたく思うのですね。青空と紅葉の秋はとくに人気があるけれど、凍えるような京都に雪が降れば、カメラを担いで「雪の金閣寺」を撮影に出かけるのも、写真愛好家たちには決まりごとのように思えます。そのような金閣寺の借景、衣笠山の裏手に「原谷苑」という花園があり、桜が咲くころになると来園者が押し寄せます。

噂は良く聞いていました。なにやら桜が見事らしくて、花どきには道が渋滞するし、桜の咲き始めと満開と散り始めてからは入園料が異なるそうです。実際はどのようなところかと想像するばかりでしたが、2018年3月に出かけてみました。

北大路バスターミナルから市バスM1系統「原谷」行きに乗車。北大路通りを西へ金閣寺から南の「わら天神」で西に折れ、蓮華谷通りに入って右折しながら金閣寺の裏山を登り、終点のひとつ手前「原谷農協前」到着。ちょうど花盛りでしたが入って驚きました。二十数種という桜はもちろん、椿・雪柳・吉野つつじ・シャクナゲ・レンギョウ・モクレン・アセビなど百花繚乱。花に囲まれながら高低差のある敷地内を巡ります。

桜と雪柳、黄色いレンギョウと赤い椿、うすい黄色の日向ミズキ、細い道をたどるたびに花たちの色が重なり合って春が押し寄せます。もっと早く来れば良かったと思ったほどです。毎年訪れる常連さんも多いと聞きます。常は住民の方たちが静かに暮らす山間にあるので、お花見どきには道路の渋滞もあるでしょう。園内の紅葉どきは無料ですが、桜の時期は有料も納得の花園です。また休み処もあり、飲食物の持ち込み、ペットの同伴などは禁止され、個人の営む花園にお邪魔するのですから、規則を守りさえすれば、原谷苑でしか見られない光景を満喫できます。

原谷は戦後、満州からの引き揚げ者「原谷開拓団」が入植されたときは不毛の地であったそうです。開拓に入られた人々の要望により、地元の農園「村岩」の二代目が花好きであったことから、昭和32年に景色の良い丘を選び植樹を始めました。花が咲くと友人知人や身内の方々でお花見をされていて、それがいつのまにか人づてに評判となり、春に一般公開をして現在に至っています。しだれ桜は例年4月上旬ごろが見ごろとか。京都市内（ここも北区）よりは気温も低いことから、市内で見納めとなった桜に遅ればせながら会いに行くこともできます。

入園してみて分かったことですが、西門近くでは「村岩」の植木を販売。また西門を出たところでマイクロバスに乗車することができます。時刻表で都合の良い時間を見計りながら園内を散策すれば、「わら天神」まで送っていただけるのも嬉しいですね。もちろん逆コースもあり、繁忙期にかぎりの運行にご注意ください。市バスも運行していますが本数は少なく要注意です。また市バスの行先表示にMとあるのは、原谷地域の念願によって運行が始まった1976年当時、乗客数が少なくマイクロバスであったことに由来。その後地域の人口も増え、道路も整備されたことから50人乗り。56人乗りへと変更されてきたのです。知る人ぞ知る花園ですが静かに噂が拡散されて、春になると「原谷に行ってきた」と耳にする機会が増えています。京都の奥座敷のような景観の中で咲く桜は、きっと訪れた人々の心に残るものなのでしょう。しかし京都はどこに咲く桜でも絵になります。私のブログ「アンジュ便り」に登場している桜風景の幾つかを、抜粋しながら追記もしてみました。

嵐山（2014年3月）

咲き始めたら爛漫の春となりました。嵐山に出かけます。いつもの嵯峨野方面からでなく、「四条河原町」で阪急電車に乗って、桂駅で京都線から嵐山線に乗り換えると「上桂」・「松尾」のふた駅と、もちろん終点嵐山駅もホーム両側に桜並木がつづき、沿線もまるで桜のトンネル。大阪方面からのお花見客と降り立ち、嵯峨野方面へと渡月橋を渡ります。欄干越しに保津川を眺めれば、左手にある岩田山の山肌からすべり下るように桜が山裾まで覆い水辺にも届きそう、春霞の嵐山は絶景でした。

疏水（2014年4月9日）

友人と「府立植物園」散歩のあと東南にある光泉門から出て府立大の構内を通り抜けさらに東へ。途中で出会う北山疏水（北白川分流）沿いの桜も満開。洛北高校の裏手は静かな住宅街ですから、往来するひとの姿も少なく、のぞき込むほど深くを流れる疏水は川幅も狭くて、マガモも花筏とゆっくり遊んでいます。琵琶湖から流れくる疏水は、山科から南禅寺へ。インクライン下には元発電所もあり、動物園脇をさらに西へ。京都近代美術館の角で北へ向かい、冷泉通りで再び西に折れ鴨川に至りますが、途中広く仕切ったところでは水泳プールとして使われていたこともあります。丸太町通りに面した「踏水会」が、南にある疏水堰を運営していました。幾多の水泳選手を輩出した名門です。現在60代以上の方々の中でも水泳好きな子どもだったころ、この流れるプールで泳いだ経験があると聞きます。レッスンをしていて疏水の昔話に花が咲きました。木曜日・午前クラスのTさんもNさんも疏水プールの経験者。まず初めに疏水に投げ込まれて、犬かきが出来るようになると屋内プールで平泳ぎに挑戦。Tさんは琵琶湖の遠泳にも参加されたとのこと。今は静かな桜並木の向こうに、子どもたちの歓声が聞こえてくるようです。平安神宮や南禅寺界隈のお屋敷の池にも引かれた疏水。治水の技術は京都市民の飲料水として不可欠なものであり、また景観づくりにもひと役を担っています。疏水はまだまだつづきます。京都御所にも分水が注いでいましたし、哲学の道を経て枝分かれや暗渠に潜りながら鴨川や高野川、賀茂川に至ります。北山疎水は高野川を横断していて、その高野川沿いの桜並木は美しい。　北山疎水の松ヶ崎あたりで東を望むと桜越しに比叡山が真正面。植物園巡りついでの春の散歩は高野川にたどり着きました。高野橋からバスに乗り、川端通りを南へ下がります。出町柳の手前あたりで車窓を眺めると、桜並木が下鴨神社の森のシルエットに映え、茜色に染まる宵桜は美しいものでした。

2023年は春が早く、3月中旬には御所の北向いにある冷泉家の桜が開花。上京区に暮らす友人から「冷泉さんの桜がもう満開」というメールが届いたと思っていたら、翌日の朝刊にご門わきの桜が写真とともに紙面を春めかせ、また26日にはこのような記事も、「京都気象台によると、今年の桜は24日に満開となった。1953年の観測開始以降、最も早かった」。桜の開花ばかりは年によってズレがあるので予定が立てにくいもので、気候変動の影響は、お花見の時期を不安定なものにさせています。

京北の桜（2023年4月3日）

市内ではもう桜も散り終え葉桜となりました。二・三点、春景色の中で撮りたいニット作品を抱えて京北へ出かけます。いつも撮影のアシストを務めてくれるMさんの四駆が9時40分に迎えに来てくれます。同じ山科区内に在住のMさんは、アンジュ・アカデミーの生徒でもあり、生徒さんたちの中でも若手ですが、それは亡きお母さんが遺された作品のキットを整理していて、自分で編んでみようと思われたことがきっかけでした。

まだ幼いMさんがお母さんと一緒に店を訪ねてくれていたことを思い出します。とっても元気で活動的なお嬢さんが、いつのまにか小学校の教師となり、その後諸事情で退職して家業をお手伝いしながら、レッスンに通われるのはとても意外なものでした。でも「まだあるの?」と驚くほど積み上げられたキットの山を丁寧に仕上げていくごとに、「編みものが大好き、編んでいるときが一番幸せ」と言われるようになり、「きっとお母さんが喜んでいるわね」と、いつもほのぼのと見守っているのです。

撮影ドライブに出かけると、昨夏も白馬・栂池から糸魚川に抜ける途中立ち寄ったお店で「お母さんとまたいらっしゃい」と言われても、二人でフフッと笑うばかり。

Mさんは、いつも楽しい非日常の時間を約束してくれる最良のドライバーでもあります。旅の企画をし、地図を見るのが好きな私は、助手席でナビゲーターを務めます。

五条通りを西へ、東山を越えてさらに西の堀川通りで右折、コロナ禍で静かだった二条城も観光バスで満車、人出が戻っています。丸太町通りを左折して西へ。JR花園駅の先で右折、双ケ丘《ならびがおか》の西を北へ向かい、東は御室・仁和寺、西は広沢の池を経て嵯峨野に至る道との交差点・福王子を目指します。いつもは渋滞必須の難所ですが、月曜日とあってスムーズに高雄へ向かうことができました。

嵐山・高雄パークウェー入口まで標高を上げると、新緑の樹々の中に山つつじと満開の桜が目の前に広がりました。やはり市内より一週間遅れての花見ごろです。高雄・神護寺前を通り、さらに北に向かうと、栂尾・高山寺の手前、西明寺の裏山である南斜面にミツバツツジの群落。思わず車を止めて、どこかで撮影をとのアバウトな思いが、さっそく撮影となりました。

濃淡さまざまなピンク色に染まった広大な斜面は絶景です。ところどころの白っぽい桜もアクセントになっていて、持参した「花束のカーディガン」を、ちょうど願った位置にある木の幹にロープを結びカーディガンの袖に通して、片方をMさんに持ってもらって一眼レフカメラでカシャッ。日頃見ることのないツツジ畑を借景に、ここまで来なければ撮れない一枚となりました。

谷川沿いに高山寺を通りすぎ、周山街道を京北へとさらに北に進むと杉林の中川。丸太を磨く作業場もあり、川端康成の小説『古都』の舞台でもあります。さらに北へ、以前はつづら折の険しい栗尾峠にトンネルが出来て京北が近くなりました。あっという間に「ウッディ京北」という道の駅に到着。このまま真っすぐ進むと「茅葺屋根」の集落のある美山。右折すると桜で有名な「常照皇寺」を経て鞍馬へ至ります。

この日のランチに選んだのは「八百一 郷蔵前《ごうくらまえ》 Ｑｕｍｏ・ｉクモイ」。中京区東洞院六角を上がったところにある、お洒落なスーパーマーケット「八百一」がオーナーです。その三階のレストラン「六角農場 ＳＡＶＯＲＹセイボリー」も南に開けたテラスに菜園があり、目の前で摘まれた野菜がメニューに取り入れられて、さすが八百屋さんのレストランとして人気があります。
京北に農場があると知ってはいましたが、昨年四月にレストランがオープンされていたのですね。しばらく東へ走っていると、左手に大きな温室が見えてきました。郷蔵前は地名のようです。平屋のシンプルな木造建築ですが、アプローチには小さな水路もあり、樹々が植えられて里山の風情。入口わきにはショップもあり、イチゴとレモンのメレンゲはおみやげに良さそう。前菜・サラダ・セレクトできるメインディッシュ。デザートはもちろん巨大温室からの採れたてイチゴ！　サクッとしたメレンゲの上に美しく並べられたイチゴも甘く美味しい。サラダも地野菜とガーデンのお花も添えられ、醤油を泡立てたムースに囲まれて映えるもの。南に遠く山並みが見える広々したロケーションもふくめて、大満足のランチタイムとなりました。

西向いにあるイチゴの温室を覗いてみます。ガラス張りの巨大な温室は入口付近からの見学。蜂が受粉をしているのでストレスをあたえぬためです。イチゴの棚は可動式で、気温や日照の具合をみて上下に移動。大きな紅いイチゴがたくさんぶら下がり、白い花も咲いています。レストランの東には「レモンファーム」もあります。野菜などの畑は視界に入りませんでしたが、京北の田園のあちこちで大切に育てられているのでしょう。イチゴファームの山手に神社の鳥居が見えたので行ってみると、途中に小川が流れていて土手道に、まだ若い桜の並木がつづいています。春の昼下がり、「花とブロック柄のカーディガン」を撮影します。ハンガーを通して枝に掛け、土手に寝ころんでレンズを向けると、抜けるような青空を背景に、満開の桜と春風も協力してくれて、ふわりと揺れるニットをカシャッ。

もう一枚「ダイヤ柄の、ブーケと天使のカーディガン」は、土手の斜面に咲くタンポポの上にそっと置いてカシャッ。予定の撮影を終えることができました。


帰路は常照皇寺の前を通りさらに東へ鞍馬への道をたどります。クネクネとまがりながら渋滞とは無縁の、のどかな春の道をドライブ。景色のどこにでも桜が咲いていて、きっとこのあたりで暮らす方たちにとって自慢の桜にちがいありません。ポツンと一軒家の畑わきにある桜、土手に並ぶ背丈のそろった仲良しな桜たち、いずれもまだ花びらも舞っていなくて、ちょうど満開の桜日和です。

「黒田」の集落を過ぎ、大原・鞍馬の標識が見えてきましたが、手前の「貴船」の立て札に誘われて右折します。以前も美山からの帰りに通ったことがあります。でも今回、杉の倒木に驚きました。数年前の台風で京福電鉄・鞍馬線が不通になっていましたが、報道で目にする沿線の無残な斜面だけでなく、山奥までずっと被害が及んでいたのですね。けわしい山道でアップダウンを繰り返しながら、なんとか車一台分は撤去されてはいるものの、左右からいまにもズリ落ちてきそうな倒木林にはゾッとしました。Mさんのドライブ力と「貴船神社」までの20分、一台も対向車が来なかったことは幸いとしか思えません。

貴船口・二の瀬・市原と鞍馬からの国道38号線をたどり、賀茂川の上流で高橋《たかばし》を渡って、左手に上賀茂神社の森を眺めながら西の土手道「加茂街道」に入ります。春休みとあって賀茂川の両岸は親子連れも多く、それぞれ春の川べりで午後のひとときを楽しそうに過ごしているようです。

植物園西の垣根沿い「半木の道《なからぎ》」の、楚々とした紅枝垂れも咲いて、左岸の景観に彩りを添えています。つい数日前まで桜並木であった右岸の土手道は葉桜となり、ケヤキの大木の芽吹きが始まっています。春から初夏へと季節が進み、木陰を走っていると、まだ幼い新芽たちから何かエネルギーを与えてもらっているような気分となりました。

山を越え京都市内の一番北にある京北地区を巡った春の一日、大まかな行程以外は行き当たりばったりのドライブながら、いつものように得難いロケーションの中で撮影ができました。その上美味しいものにも出会い、行かなければ見ることの叶わぬ光景にあちこちで感動できて、毎度のことながらMさんに感謝する至福の一日でした。

9 下鴨神社

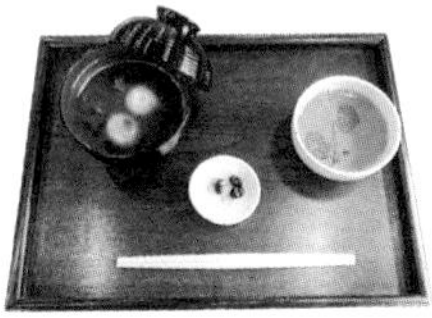

「さるや」のぜんざいセット
お茶わんの中底柄は双葉葵

ドライフラワーの
リース屋さん

春の花が集う花屋さん
左上がマトリカリア

串餅・藍染の小もの
ナンタケットの小カゴ・バンダナ

100テントの並ぶ「森の手づくり市」

下鴨神社

２０２２年６月21日、新聞記事で見かけて下鴨神社で開かれている「森の手づくり市」に出かけます。「自然の中で、ものづくりに触れるスローホリデー」をテーマに２０１０年からつづいているイベントとは知りませんでした。

さっそく河原町通りの「市役所前」から市バス２０５系統に乗り、葵橋で賀茂川を渡って「下鴨神社」で下車、糺の森の北からお邪魔します。日曜日とあって本殿で結婚式を挙げられた新郎新婦さんが、ご親族と記念写真に納まっています。お宮参りの祝詞が挙げられているお社で参拝してから参道へ。とちゅう休憩処「さるや」で葵祭のお供えとされる申餅《さる》をお土産に求めます。お祭り前日申の日、無事息災を願い神殿に供えられるお餅を、下鴨にある和菓子店「宝泉堂」が２０１１年に復元。１４０年前のもので資料が少なく、斎王代（お姫さま）のお口に合うようにと小ぶりです。その小ぶりなところが好き。小豆餡をくるむお餅は小豆の煮汁でついているので、はねず色の上品なこと。

参道に向かうと、丈高い木立につつまれた緑陰には陶器・木工・雑貨などの小さなブースの先が見えぬほど左右合わせて１００近く並んでいます。毎年夏に催される「糺の森古本市」には何度か訪れたことがありますが、素敵な手づくり市の存在に気づかせてくれた新聞記事に感謝です。

藍色の小ものが並ぶテントに目がとまります。93歳のお母さんが、娘さんの染めた藍の布を大きな針目で縫って作った、幾何柄の鍋つかみ兼ポット敷をいただきます。「おばあちゃんのいきがいプロジェクト」を家族で立ち上げたというほのぼのした手仕事にほっこり。向かいのテントをのぞくと、アメリカ・ボストン郊外のナンタケット島で作られる「ナンタケット・バスケット」が飾られていて、初老の紳士がお店番も意外です。小判型のシンプルなものを分けていただきました。お手頃すぎる価格に驚いていると、「練習ですから」と謙虚なこと。参道の南端あたりで緑色のプリント柄で作られたバンダナもゲットして、小川にかかる橋の低い欄干に、本日の宝ものを並べて記念写真と思っていると、橋の下から鯉が赤と白で二匹現れました。

2023年3月5日、下鴨神社再訪。「第41回森の手づくり市」のことを4日付けの新聞記事で知りました。今回は何に出会えるかと興味津々。フランス製の幅広リボンで小ものを作っているブースに人だかりができています。どこにもないものを扱っている人気店に欠かせない光景ですね。

今回は苔玉のテントに足が向かいました。一月末に旅したスペイン・バルセロナで、一日ガイドを務めてくださったカミムラ氏が、コロナ禍で観光客が激減したとき苔玉ショップを開いたといって、ガウディの故郷などバルセロナ郊外日帰り旅の最後に、そのお店に案内してくれたのです。「ｋｏｋｅｍｏｎ」という店名も日本をイメージしていておシャレですし、苔玉に蘭などの洋花をあしらっているのも新鮮でした。

春めいた陽ざしの中、手づくり市に参加された苔玉屋さんは、こちらもジャスミンをあしらうなど異色。私はナギと書かれた札に惹かれます。ナギは「ナの木」とも呼ばれ、家を守るという言い伝えがあり、わが家のアプローチにも「家を守ってください」と願って植えています。アリストロメリアの葉に似ているけれど、艶と厚みがあり何気なくおとなしい緑。苔玉とのコラボは初見、庭のテーブルに置いて毎日眺めることにいたします。

おばあちゃんの藍染め小ものも再見。94歳になられてお元気のようです。今回は「ナンタケット・バスケット」の紳士は不参加？　大作を制作中でしょうか。

次に向かったのはお花のテント。様々なガラス瓶や器に活けられ、蓋つきバスケットの上にのせるなど、テーブル全体もレース編み（手染めとか）のドイリーなどで設えられていて個性的。お花もミモザや不思議な花弁のチューリップ、アネモネ、スズランと、小さな空間なのに春が大集合しています。もちろん最初に目を惹いた、なかなか見かけない白い小菊のようなマトリカリアと、まだ蕾のやさし気なチューリップをひと束にして包んでいただきました。お店は持たず、オンラインショップのみというスタイルも今風ですが、だからこそ糺の森にいかなければ出会えなかった花屋さんでした。

兵庫県からこられたというパン屋さんの雑穀入りバゲットも美味でしたし、小川の近くで「森の音楽会」も開かれていて、寒い冬よサヨウナラという、参加者みんなの想いが笑顔となって漂うような、春の森の手づくり市でした。

建勲神社社務所の屋根越しに、左には比叡山、右は大文字山

建勲神社境内にある
手水舎（ちょうずしゃ）
吊りしのぶに風鈴が爽やか

船岡山山頂から南東を望む
西陣の街並みの向こうに京都タワー

10 船岡山《ふなおかやま》・西陣

船岡温泉

カフェさらさ　外観

茶房うめその

船岡山の東から比叡山を望む

マジョリカタイル
カフェさらさ

船岡山《ふなおかやま》・西陣

三方を山に囲まれた京都盆地、北西にぽこんとこんもりした山があります。標高112mという超低山の船岡山、なぜか登ったことがありません。2023年5月初旬、吹きわたる緑の風に誘われて出かけてみました。

地下鉄・烏丸線「北大路」下車、コンコースつながりの北大路バスターミナルへ。バス乗り場はちょっと見かけない形式です。北大路通りの東へ向かうのは「赤のりば」、西へ向かうのは「青のりば」、ともにエスカレーターで上がれますが、両ラインともガラスに囲まれていて、青のり場はアイランド型です。同じ平面でありながら車道を横断して乗り場を移動することはできません。商業施設の地階を利用し、車庫も兼ねた効率的な設計だと思いますが、はじめての方は北大路方式にとまどうかも知れません。

京都に市電が走っていたころ、ここは市内を回ってきた市電が出入りする「烏丸車庫」と呼ばれていました。大原や岩倉から市内中心部へ行く人帰る人が、バスに乗り継ぎがてら、周辺の商店で買い物する姿が見える、とてもにぎわいある場所でした。

1978年に市電が廃止され、地下鉄烏丸線も国際会館まで引かれ、北大路駅は終点駅ではなくなり、広大な車庫の跡地に商業施設が完成すると、乗り換えする風景も地下へもぐり、烏丸通りのどんつき（つきあたり）は、車の往来は半端ではありませんが、人通り的には静かな街へと様変わりしています。

京都駅から河原町通りを北へ上がって北大路通りを西へきた２０５系統は、いったんターミナル階にもぐってUターン。このあと大徳寺・金閣寺を経て西大路通りを南へ下がり、ふたたび京都駅を目指します。また京都駅から東大路通りを北へ向かった２０６系統は、高野で北大路通りに入り、バスターミナルから船岡山の西で千本通りを南に向かい、ＪＲ二条駅・四条大宮を経て京都駅へと循環。もちろんそれぞれの逆コースもあります。また京都駅発ではありませんが、２０４系統は金閣寺・銀閣寺を巡ります。北大路通りから西大路通りに入り、金閣寺で南下して丸太町通りで東へ向きを替え、鴨川を渡って天王町まで突き当り、白川通りを北に上がります。錦林車庫・銀閣寺を経て、京都芸術大学（旧京都造形芸術大学）のある上終《かみはて》町で左折、西へ向かい東大路通りで右折、高野まで北へ、また左折して北大路通りをバスターミナルまで西へ、京都でも珍しくクランクのある路線です。

京都で暮らしはじめてから約50年。バスも必然の交通手段であり、鉄道好きに鉄ちゃんがいるならばバス子さんかしらと思っていますが、多分、行先番号のテストを出されても全問正解とはならず、日常の範囲内で大まかなルートを知らぬよりはましと思うほどのものです。

船岡山へは２０４・２０５・２０６系統の他に、本数は少ないながら原谷行のＭ１系統や、ほかにも数系統可の便利な停留所です。北大路バスターミナルから三つ目が「大徳寺」、五つ目の「船岡山」で下車。すこし戻って南に右折すると、正面に森が見えて建勲神社北参道です。右手には石段が深い森に消えて行き、掲示板によると西周りで船岡山の頂上へと向かうようです。左手のゆるやかな勾配の車道を進むと山ツツジに迎えられ、鳥の声もしてバス通りから数分もしていないのに、早くも山へ分け入った気分がします。

左手の木々の間から雄大な比叡山のシルエットが見えてきました。5分も登ると道は平坦となり、しばらく行くと中腹にある「建勲神社」社務所下にある駐車場（参拝者用）に到着。見晴台でもあり比叡山から南へ大文字山と東山の峰々を眺望できます。急な階段を登りきると右手に社務所、北にある本殿へと向かいます。本殿の軒には菊の御紋、明治天皇が織田信長の功績を讃えて明治18年に建立された神社です。信長の息子・信忠の墓所でもあり、織田家の御紋幕が軒下を飾っています。

「このあたりは豊臣秀吉のころから信長公の霊地であり、自然が残されていて樹々の種類も多く、帰化植物がほとんど入り込まずに保たれていて、京都市内でも貴重な森とされている」と、境内の案内板に書かれていました。社務所ではご朱印帳の順番を待つ人もいて、ここは京都・刀剣御朱印四社のひとつです。ほかに深草の藤森神社、東山七条の豊国神社、東山三条の粟田神社。「鬼滅の刃」的な柄のお守り袋も並んでいますから、アニメや時代もののファンには必見の神社かも知れません。「建勲」は「たけいさお」が正式名称ですが、京都のひとびとからは「けんくんさん」と、親しく呼ばれています。

2018年の台風21号では、境内で400本以上の倒木があり、手水舎などが倒壊。それまで神聖な境内の木を伐ることにためらいを感じていた同神社は、文化庁の補助金を受け、本殿北側など3分の1を伐採。拝殿前に立つと、それまで眺望できなかった南の京都タワーなど遠景も見えてきました。社務所前にある急階段を下り、西北へと向かう山道をたどります。鬱蒼とした樹々につつまれ、わずか100mほどの高みであるのに別世界の静寂。5・6分ほど西北へ落ち葉でフカフカの山道をのぼっていくと、ほどなく西に開けた頂上に到着。数段上がると三角点もあり、船岡山の頂上は思ったより広々としています。

南の眼下には京都市内が見渡せ、いにしえの都が築かれていたころ、視線の先には平安京の大極殿がそびえ、その先には今の千本大路が朱雀大路として、はるか彼方の羅城門までつづいていた画像をイメージすることができます。それは船岡山が都を守る北の守り山であったことを実感させてくれるものでもあります。

西には一段低い鳴滝の双ヶ丘。その向こうに西山の連山が大阪方面に伸びている絶景です。晴れた日の夕方船岡山に登れば、美しいサンセットに出会えること間違いありません。頂上に着いたとたん、ここは私のオアシスと認定しました。静けさと眺望を備えていて、オアシスの条件を充分に満たしてくれるほどの素晴らしいロケーション。折々に出かけて来たいものです。

船岡山は麓の東西南北各所から登山道があり、北参道の入口で見かけた石段も曲がりくねりながら頂上に至り、その中腹には小さなグランドと、野外ステージのある広場。山中は意外に広く整備された遊歩道もあります。ひと影はまばらながら、ご近所の方らしく日課のように散策する姿も見かけました。どの方向からも石段はかなり急勾配ですから、こけないように注意しましょう。

再び南階段に戻り、さらに下りると西陣の住宅街。悪名高い京の都を焼きつくした応仁の乱において、西軍の武将・山名宗全が陣を張ったのが船岡山、以降この地は西陣と呼ばれています。船岡山の南の足元に鞍馬口通りが東西に延びています。かっては銭湯が三軒あったそう。現在も営業している「船岡温泉」は、大正12年（1923年）に料理旅館「船岡楼」として創業し、5年後に改装したとき威厳ある軒唐破風の玄関となりました。昭和7年に浴場部分も改装され、珍しいマジョリカタイルの装飾も話題となりました。

「船岡温泉」の客層は西陣における「織物業の旦那衆」でしたから、先代とご親族はより気軽に通える「藤ノ森湯」と「紫野温泉」を造りました。「紫野温泉」は55年ほど前に閉業して駐車場に、「藤ノ森温泉」は銭湯の幕を閉じた一年後の2000年に「カフェさらさ西陣」としてリニューアル。和製マジョリカタイルの装飾がレトロな雰囲気を醸し出し、元浴場部分は中二階に改装し、一階も合わせてのカフェ。インスタ映えするからでしょうか、カップルや若い女性のグループが訪れています。淡路島で生産されていたマジョリカタイルは、江戸時代に英国からもたらされたタイルを手本に作られたとのこと。明治・大正と装飾タイルとして活躍しましたが、昭和の初めに途絶えました。今また復活の兆しがあるそうです。

銭湯が三つもあった街とはさすが西陣。それだけ織物業に従事する人でにぎわっていたからに違いありません。西陣も今出川通りをはさんで南北に広いですが、南の智恵光院・中立売から私のニットクラスに通ってくる方がいて、「もういつも年がら年中機織りの音がしていた」と良く話されています。この日も歩いていると「カシャカシャカシャカシャ」とリズミカルな音がどこからか聞こえてきます。和服の需要も多くにぎわっていたころは、きっと家々のリズムが微妙に異なって、それはオーケストラのようなものだったのでしょう。今日はソロリサイタル、そう思いながら西陣らしい音に出会えて幸いでした。

昭和の色濃い街並みにマンションが建ち、分割されて今風の一戸建てが数件寄り合っているのは、元工場であった敷地跡。様がわりしていく西陣界隈をあみだくじのように南東に歩いていたら、堀川・今出川の交差点。西北角にある和菓子の「鶴屋吉信」本店に立ち寄り、五月の節句も近いことから「柏餅」。そして「鮎」のように求肥と白餡をつつんだ薄皮には、キュートな鯉のぼり柄が刻印されている「五月晴れ」をチョイスしました。おとなりの敷地内にオープンしている「つばらカフェ」でひと休み。イチゴのシフォンケーキ（生地には白餡が練り込まれている）とユズレモンジュースをオーダーして、ウォーキングで費やしたエネルギーの補給をします。緑の生垣に囲まれているので大通りの交差点の騒音も消えて、よき休息の時間となりました。

11

洛西《らくさい》

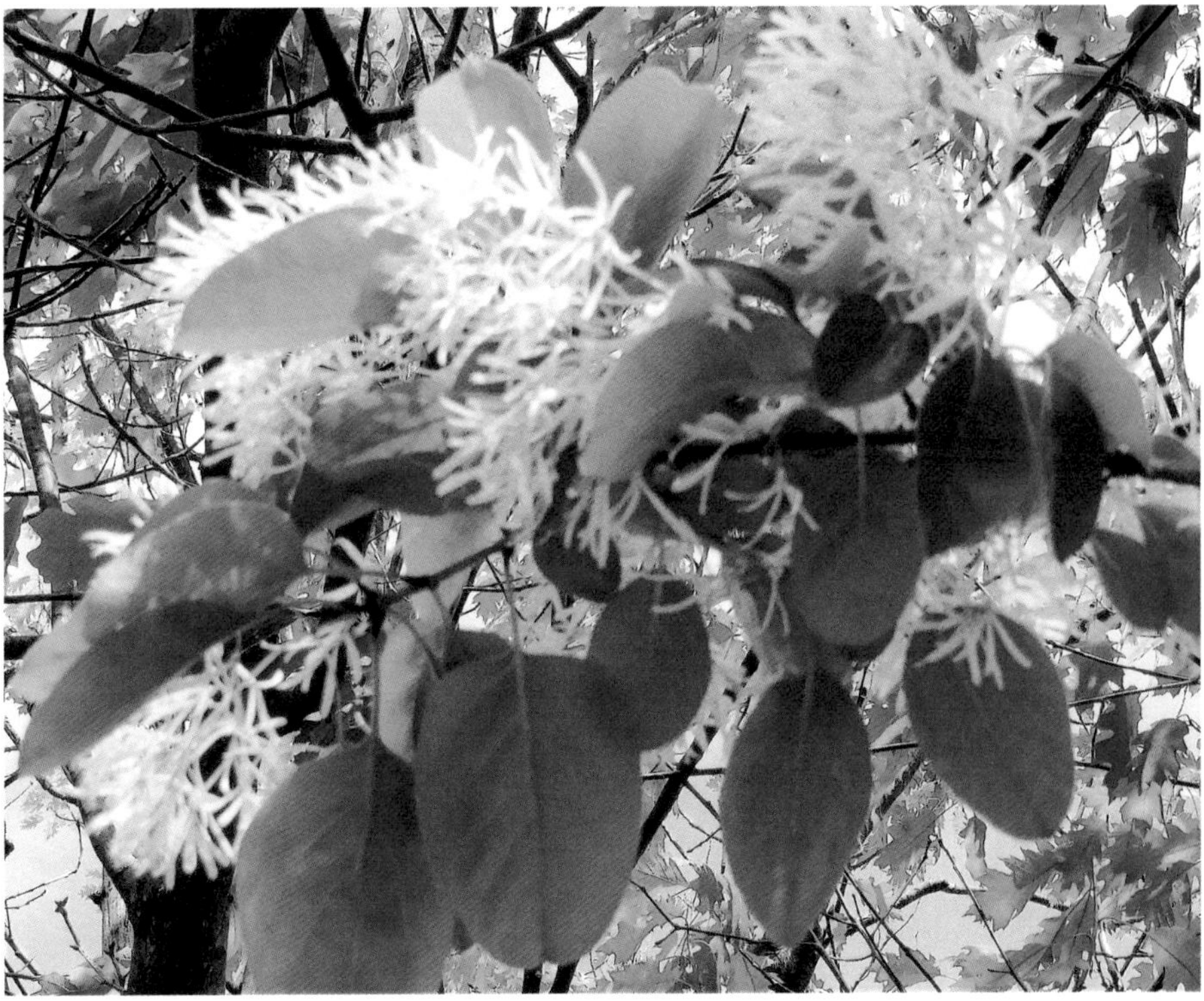

ナンジャモンジャの白い花

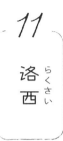

洛西《らくさい》

毎年五月の連休が近づくと、新聞の京都版に「ナンジャモンジャの花が洛西の商業施設・ラクセーヌ付近で咲きはじめた」という記事を見かけては出かけたくなります。

「ナンジャモンジャ」とは、園芸店で50㎝ほどの丈のものを求めたとき札に書かれていたのは、「モクレン科の常緑樹。和名は「一つ葉タゴ」。タゴはトネリコのことであり、トネリコに似ている（花も葉も似ていないと思うけど）ことから名づけられた」そうです。「ナンジャモンジャ」は名前のよく分からない木として、クスノキ・ニレ・ボダイジュなどの呼び名でもあって、固有名ではありません。しかし近年「ナンジャモンジャ」は「ヒトツバタゴ」という認識が定着してきました。

白い花冠は多裂していて花がいっそう長く見え、風にひらひらと舞う姿は美しく、遠目には季節外れの雪が新緑に降り積もっているようでもあります

この美しい花をはじめて見たのは韓国・釜山近郊の古都・慶州《キョンジュ》。韓国への旅のキッカケは、1990年夏、友人とふたりでヨーロッパ7か国を巡った旅にありました。パリ郊外にあるフランスの友人カトリーヌ邸にキャリーケースを預け、バックパックで列車の旅をして、途中ドイツ・パッサウからオーストリア・リンツまでライン河をクルージングするなど、とにかく山ほどの思い出話

満載の旅前半も終わりに近づき、ふたたびオーストリアを離れるところからスタートです。

オーストリアとドイツの国境駅であるザルツブルグは、モーツァルト誕生の音楽の街でもあります。山の上の古城で開かれたナイトコンサートも素敵でしたし、ここまでドイツ・オーストリア・ハンガリー・当時はユーゴスラビアのクロアチアそしてオーストリアと回って、いったんパリに戻るべく夜行列車に乗り込みます。時刻はまだ陽の高い夏の夕暮れ、ホームにある税関を通過し、停車している列車の号数をチケットで確認しながら、6人席のコンパートメントに落ち着きました。列車がガタンと動き出したところ、二人の紳士が戸口からチケットを見せながら「そこは、あなたたちの席ですか」と尋ねてきます。友人とふたり改めてチケットを取り出しても間違いありません。どうやらダブルブッキングのようです。コンパートメントには偶然にも日本からの学生が男女三人同席していて、一人旅の男子学生は指定券を持っていなかったことからよそへ移動してもらい一件落着。私たちより年上で日本の商社マンと思っていたところ、夕暮れていく車窓を眺めながら一人の紳士が突然「うさぎ追いしかの山……」と歌い出されました。

戦前の小学校で教えてくれた「おばちゃん先生が懐かしい」と思いがけない展開です。プサンの音大教授でザルツブルグには留学している学生に会いに来たこと、パリには友人がいるので行くこと、そしてヘルシンキでの学会が最終目的と伺います。

長くなるので省略しますが、その後「釜山にいらっしゃい」というお誘いを受けて友人と出かけた折、ドライブしてくださったキョンジュの古墳公園で「ナンジャモンジャ」に出会ったのです。なんと美しい花かと思い、それまで一度も見たことのないことにも驚きました。大阪・伊丹から飛行機に乗れば、水平飛行する間もないほどでランディング。プサンの高台からは壱岐の島かげも見えるという近さなのに、飛び交う国鳥のカササギも関西では見かけることのない不思議さ。近くて遠い国との思いを感じましたが、韓流ブームが浸透するずっと前のことです。旅先でのハプニングが、隣国の歴史や文化を知る機会となり、「ナンジャモンジャ」を見るたびに、楽しかった中欧への旅が想い出されます。

ヒトツバタゴは、それからだいぶ経ったころ、1972年、京都・洛西ニュータウン造成時に約80本が植樹されていると知り、商業施設「ラクセーヌ」の郵便局前や住宅街の垣根など、また小畑川に沿って植えられたものも育ち、目を惹くようになりました。今年、5月6日には、「ラクセーヌ」付近で「ナンジャモンジャの夕べ」が催されたようで、住民の方々に親しまれているのですね。左京区・吉田山にある「真如堂」にも20mちかくに育った「ナンジャモンジャ」が「涅槃の庭」にあるそうです。植物園にも一本、芝生の広場北に咲くのを見つけましたし園芸店にも出始めましたから、これからより一層ポピュラーな木となることでしょう。

洛西へは交通機関を利用しようとすると、山科からは一本では行けません。四条付近で用事を済ませてから、大阪・梅田行き阪急電車・京都線に乗って桂駅で下車。桂からは嵐山への支線も出ていますから特急も停車します。西口のバス乗り場から西2系統で洛西バスセンター行きに乗車し、境谷大橋で下車。降りたところにある「京都エミナースホテル」のロビー前を通り抜けると郵便局や銀行、ショッピングセンターなどがあって洛西タウンの中心部です。もちろんバスターミナルもあるのですが洛西地区を網羅する路線ですから、境谷大橋からまだあちこち回ってターミナルに着くので、ショートカットが必須です。

ホテルに付属の「竹の郷温泉」も私にとってオアシスのひとつ。洛西在住の生徒さんから教えてもらった日帰り温泉。コロナ禍の最中にリニューアルされてからは訪れていませんが、以前に比べて敷居の高くなった感があります。ご近所さんたちがのんびり世間話をしながら日替わりの薬湯を楽しむ光景には、もう出会えぬような気がしています。帰途は阪急桂駅ではなく、西４・特西４系統などで大回りしながらＪＲ桂川駅に向かい、ＪＲ京都線で山科へ戻ります。

洛西は南北に開発されていて、北には桂坂という住宅街もあります。桂駅から西６系統に乗車すると、とちゅうで「明徳高校」方面に向かう西２系統と別れ、少し先で右折して坂道を登り始めます。「京大桂キャンパス前」を経て「桂坂センター」から西の住宅街を巡り、「桂坂小学校前」で下車。さらに北へ登ると「国際日本文化研究センター（通称日文研）」西門。その一階に「旬彩レストラン赤おに」があります。日文研は梅原猛さんが所長を務めたこともあり、現在は「京都ぎらい」の著書のある井上章一氏が所長です。

「赤おに」の気さくなシェフ北田克治さんは、南極越冬隊に第38次（１９９６年）と第45次（２００３

年）の二度も料理人として参加したツワモノです。山科在住の生徒のご主人であることから、素敵なご縁が生まれました。北田さんは南極での経験から、「料理を通じて人は会話し、幸せになる」と強く思い、それをモットーに、日々高台にあるレストランを訪れてくれるお客さんたちに、心配りのある行き届いたサービスを提供されています。

新聞・雑誌・テレビなどの取材もかなりのもの。新聞に大きなエビフライの写真が載ったときには思わず友人を誘って出かけました。西門からはレストラン脇や、北側のガーデンを通り、回り道をして東側の入口にたどりつきますし、高台にありながら北向きに崖を見るレストランですが、魔法のように、ピシッピシッと遥か遠い果てで生まれた音のする、南極氷を浮かべたお水も特別に見せていただけたのと、ＴＶでよく見かける歴史学者・磯田道史さんも常連と聞くのも嬉しいものです。秋から春までの限定ながら、極寒の南極基地で一番人気であった「南極ビーフシチュー」も「赤おに」の名物となっています。世界各地からの著名な研究者が集う日文研ですから、国籍を問わず好まれるよう、幅広いメニューもそろえているとのこと。

余談ながら年末には「おせち料理」の注文も受けつけています。

「赤おに」からの帰途、桂坂の町を下ります。一軒の区画が広々していて、垣根やお庭を眺めながらの散策も楽しく、桂坂公園を通り抜け、桂坂センターから南へカーブした道を、さらにウォーキングして下がり「国道沓掛口」のバス停着。秋には大江柿の屋台に出会えるかもしれません。

12 東山・鹿ケ谷《ししがたに》

緑陰の「博古の庭」を流れる小川

法然院　新緑と山門

中庭　森の向こうは東山

境内の手水
菊の花が浮かべられて緑の葉を伝い、
善気水が心地よい水音を立てている

右手奥にガラス張りの休憩所

法然院、西の樹々の間から手前に吉田山
その向こうにぽこんとコブをのせたような
愛宕山が望める

泉屋博古館　エントランス

市バス32系統
平安神宮・銀閣寺行　河原町通りにて

東山・鹿ケ谷《ししがたに》

2023年5月10日、新緑の法然院へ出かけます。河原町通りのバス停「市役所前」から32系統「銀閣寺」行きに初めて乗車。岡崎あたりから市役所前までなど、チョイ乗りすることがあっても、32系統に長い距離を乗りつづけることがありませんでした。バスは欧米からの観光客を乗せていて二条通りを右折し岡崎へ。「ロームシアターホール（旧京都会館）」や「みやこメッセ」を左右に見ながら、「平安神宮」と「京セラ美術館（旧京都市美術館）」も視界に入る京都屈指の観光名所路線。四条河原町付近から乗り込む観光客が多いのもさすがな路線です。動物園のある四つ角で左折、北へ向かう岡崎通りは平安神宮東わきの道、丸太町通りに出て右折。東山もだいぶ近づいて来ました。「東天王町」で白川通りを横切り、さらに東への坂道を行くと、南禅寺・永観堂からつづく鹿ケ谷通りに突き当たりますから左折。左手の角には「泉屋博古館《せんおくはっこかん》」。大好きなミュージアムなので、この日も帰りに立ち寄る予定です。

鹿ケ谷通りに入ってから三つ目の「南田町」で降りて山側への道に入ります。坂道はすぐに哲学者・西田幾多郎が散策したことに因んで「哲学の道」と呼ばれる疏水べりの道に出ます。さらに登りつづけると「法然院」。東山の中腹に抱かれるようにたたずむ浄土宗系の単立寺院。山号は善気山、ご本尊は阿弥陀如来坐像です。鎌倉時代に法然上人が弟子たちとの念仏道場として庵を結び、延喜

9年5月、本殿を客殿として建立。茅葺造りの山門は、訪れるたび額縁の役目を果たしてくれて、絵画のような世界に、なんど訪れても立ち止まってしまいます。初夏には青紅葉が青空を背に爽やか、秋には紅く色づいたモミジが圧巻。

初めて法然院を訪れた二十代の半ばごろ、お庭を巡って本堂の東に行くと、階段を数段上がった外廊下越しの光景に驚きました。阿弥陀如来像の祀られている祭壇の手前にムクゲの花が放射状に並べられていたのです。ピカピカに磨かれた美しい床に、置かれた白い花が逆さに映りこみ「これが京都」と感動しました。その後も椿など季節の花が供えられていましたが、しかし今回は本堂東の格子戸も閉められ、暗がりからお花の姿は見ることができませんでした。

邸内には池もあり名水・善気水も湧出。目の高さの手水からハート型の若葉を伝って水が流れ落ちています。お花が浮かべられていることもあり、随所に撮影スポットが存在。西の木立の間からは吉田山、その向こうにはてっぺんにコブをのせたように愛宕山も重ねて見えて、法然院の標高と角度が見せてくれる風景、これも京都です。

山門の南には森に囲まれた墓地がつづきます。文豪・谷崎潤一郎や画家・福田平八郎など著名人の墓所でもあり、墓石巡りをする人の姿も見かけます。

ちょっとしたご縁のおかげで、時おり「法然院サンガからのご案内」が送られてきます。サンガとはサンスクリット語で共同体の意。漢訳では僧であることから僧を敬う、イコール仲間を大切にすると明記。本坊で開かれる講演会・コンサートなどや、お庭の白砂壇近くにある元浴場を改装したギャラリーのご案内が、Ａ４用紙の表裏にびっしり埋めつくされていて、いつもご住職・梶田真章さんのアクティブな活動に敬服しています。法然院の向かいに「法然院 森のセンター」があって、夏休みには「遊びの寺子屋」もオープン。何やら楽しげなお寺さんです。毎夕16時には、鐘楼の鐘が撞かれ、近隣の方たちには日々欠かせぬ時の音。夕暮れの早い冬には、遊び飛んでいた鳥たちも、ねぐらに帰る合図と心得ていることでしょう。

法然院をあとにして法然院沿いに哲学の道のひと筋山手の法然院道を南へ歩きます。突き当りがノートルダム女学院中学校・高等学校への四つ角、山側にある霊鑑寺は椿の寺として知られている門跡寺院。春と秋に公開され、椿のころに訪れたことがありますが、境内には一本の木に色が異なりシボのあるなしなど数種の花が咲く五色椿など多種の椿が敷地を占める椿寺。手水にギッシリ椿の花が浮かべられたり、竹筒を横にして椿を活けていて、とても印象的でした。

四つ角を下り、哲学の道を横切って鹿ケ谷通りに戻ります。西側の歩道を5分も南へ歩くと「泉屋博古館」。泉屋は住友家の屋号。博古は宗の時代に皇帝の命により編集された青銅器図録のことを「博古図録」としたことが由来。15代当主・住友吉左衛門は、中国古代青銅器の収集。16代当主・住友吉左衛門友純は洋画や屏風を収集し、それらを公開するため１９６０年に開館しました。

三月から催されていたのは「光陰礼賛」、サブタイトルは「近代日本最初の洋画コレクション」。印象派と古典派による画風の相違を見比べられる企画でした。明治30年に16代当主が欧米視察中のパリで、画家モネの油彩画を二点入手したことから、住友コレクションに近代洋画が加わりました。クロード・モネ『モンソー公園　1876年』は、ピンクのマロニエが花盛りの公園が描かれ、小ぶりの日傘をさしたマダムと、手を引く子ども、ふたりはモネのその後の人生につながりがあることを解説で知りました。大作から小品まで誘いこまれるようなコレクションですが、当時パリ在住の画家・鹿子木孟郎は、住友家から依頼されて、数々の作品を入手し日本へ送っていたそうです。その鹿子木画伯は日本へ帰り『賀茂競馬』を描き上げます。ちょうど季節も同じ初夏、生き生きとした上賀茂神社でのくらべ馬競技に参加する人々と馬の姿が、大画面に躍動していて見入りました。

２０２１年夏に開催の「ゆかた　浴衣　ＹＵＫＡＴＡ　すずしさのデザイン、いまむかし」展も良かったです、前期と後期に分かれていましたが、訪れたときは「藍染づくし」。有松絞や小紋柄など昭和の時代の粋な浴衣が懐かしい。魚網柄に大きな海老やフグが大胆に染められていて、粋な感覚は衝撃的です。どなたが着用されていたのでしょう。

森の中のオアシスのようなミュージアムは、南門から訪れると、二階部分の石の塊が向かってくるような錯覚を覚えます。シャープな石の矩形は、玄関上のファサードの役目も果たしているユニークな建築です。本館の青銅器室はいくつかのステップフロアになっていて、大きな器や楽器、鏡など、世界一の収蔵ともいわれる重厚で貴重な展示の数々に圧倒されます。本館の北にある平屋の企画展示室へ誘う回廊は、ガラス張りで右手には四角い芝生の庭と東には森の緑、そして東山のなだらかな稜線が少しだけ木立の上に見えています。飾り気のないシンプルなロケーションだからこそ、展示室で出会えるアートへの高揚感が高められるような気がします。一階ロビー奥にはゆったりとした休憩室があり、回廊から眺めると三角に突き出した二面はガラス張りで、植え込みの緑がガラス越しに見えて、庭がより広がっています。時間があれば置かれた椅子にいつまでも座っていたく、観てきたアートの余韻とともにすごしたいと毎回思うほど、泉屋博古館ならではの寛ぎの場です。

帰路は植え込み伝いに東のわき門から鹿ケ谷通りに出ると、目の前に「宮の前町」のバス停があり、32系統の北行のみが停まります。本数がすくないのでバスの時間は下りたときに確認しておき、余裕があれば「博古の庭」でひと休み。植治十一代・小川治兵衛作庭。井桁から湧き出る水がヒノキ林に見下ろされながら丸い石を敷き詰めた小川を流れ、苔庭に軽やかな音を添えています。大きな鞍馬石も置かれ、「ご自由におくつろぎください」という立て札も嬉しいですね。鹿ケ谷通り沿いの細長い庭園ですが、知らずに通りすぎていく観光客の皆さんに声かけをしたいほどの珠玉の空間。でもミュージアムへ車で来られる方の中には「博古の庭」の存在を知らぬ方も多く、レッスンで「鹿ケ谷」あたりの話題になれば、ぜひお立ち寄りをと、お伝えするようにしています。

32系統は「銀閣寺道」を経て白川通りに出ると南に下がり「東天王町」から丸太町通りに右折して、往路と逆道をたどり「四条河原町」から四条通りを「西京極」まで走る路線です。急ぐときは南門から出て「東天王町」までひと駅分歩くと、祇園・京都駅・三条京阪など各方面への路線が白川通りをやってくるのでおススメです。ただし京都の四つ角の多くは、東西南北の数か所に停留所のあるところもあり、東詰・西詰・南詰・北詰など行先によって異なるのでご注意を。32系統はしばらく丸太町通りを西へ向かいますから、「東天王町」の西南詰となります。先日も河原町三条で信号待ちをしているときに、32系統がやってきました。「わっ32！」、思わず手を振りたくなってしまうほど、なんだか親しみが生まれた路線です。

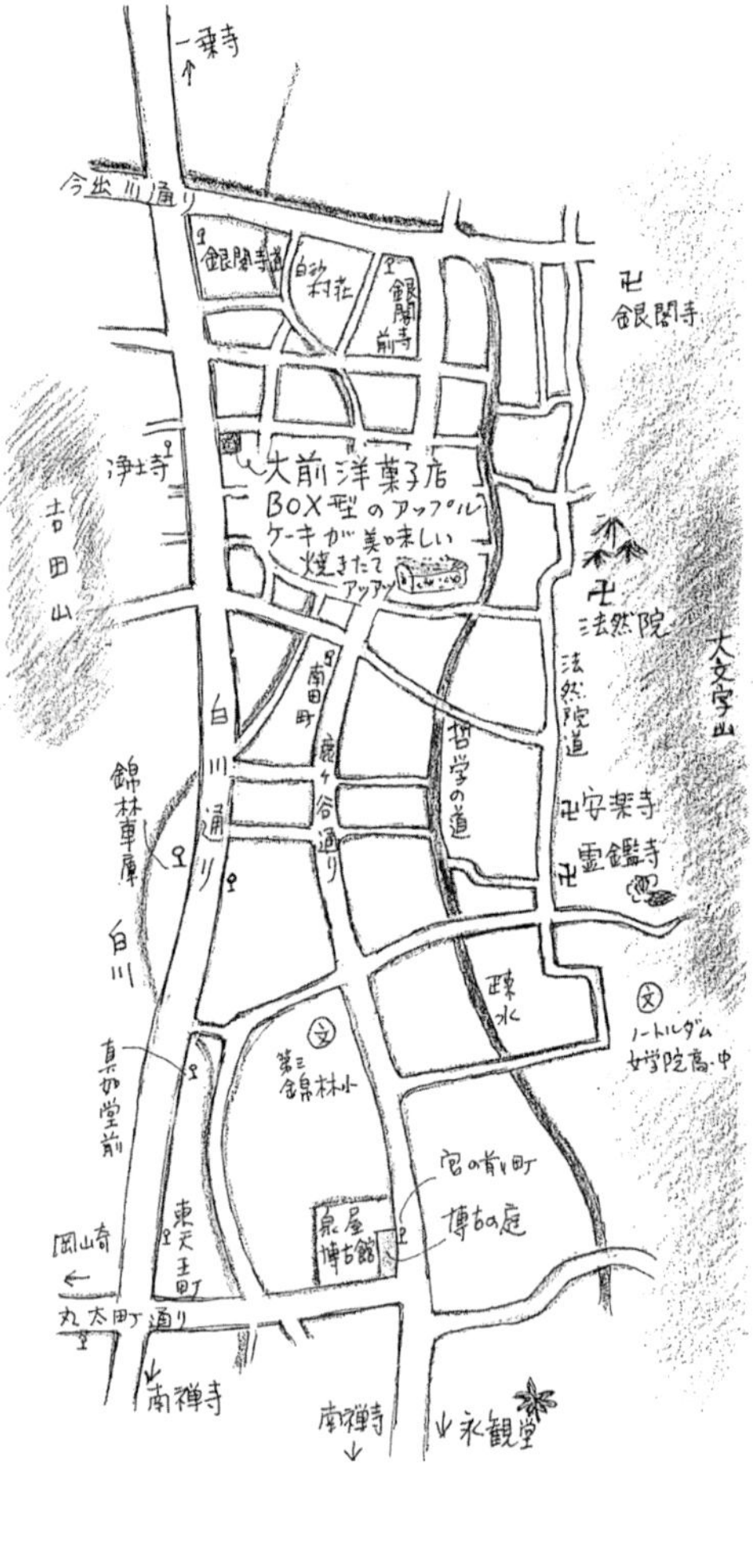

13 大原の里

1945年創業

志ば久にて
著者　久保さん　里美さん
（志ば久スタッフさん撮影）

野むら山荘にて
パリ在住の絵本作家・市川里美さん

里の秋　野村別れ付近

大原の里

東京・渋谷にある中高大一貫校に通っていて中学三年の修学旅行は東北。夜汽車で青森に着き、酸ヶ湯温泉泊。十和田湖から奥入瀬渓流をくだり、岩手に入って花巻へ。平泉の中尊寺をへて仙台・青葉城が終点。人生はじめての長旅でした。

高校三年になると関西へ。名古屋から二見ヶ浦・伊勢神宮・吉野・奈良を巡って京都がラスト。京都では六角通りにある松井旅館に宿泊。細かな記憶は定かではありませんけれど、嵯峨野では広い畑の向こうにたたずむ茅葺屋根の落柿舎と、大原・三千院への細道での光景は今でも鮮明です。今でこそ呂川と知る小川わきの道を登っていると、左手の畑で牛が鋤具をつけて仕事中、小川には大きな水車がゴットンとまわって、京都とは思えぬほどののどかな大原。セーラー服を着た私が、その後10数年ほど経ってから、その大原へ足しげく通うことになるとは思ってもいませんでした。

20代前半から仕事のあいまに京都によく出かけていたのですが、あるときａｎａｎという雑誌の読者コーナーに目がとまります。京都でミニガイド紙を発行する人がいて、希望すれば送ってくれるというものでしたから、さっそく返信用の切手を同封して投函しました。しばらくして「かみひこうき」というなんともユニークな手描きのＢ４用紙が届き喜びましたけれど、そこには一筆添えられていて、「あの記事は知り合いの人が勝手に送ったもので、仕事をしているので反響に戸惑う」という、いささか迷惑ぎみな様子が伺えるものでした。

しかし不定期ながら届く、イラストや描き文字もソフトで細かな情報は得難く、京都の旅には不可欠なものとなりました。出かけた先での感想などを書いてはハガキを出していたところ、送られてきた最新号とともに、「次に京都へ来られるときには、ご案内しましょうか」と、思いがけない言葉が添えられていました。

後年夫となる人は、グラフィックデザイナーとして広告代理店に勤めながら、友人と版画の制作を趣味としていて、その友人の友人が営む大原のしば漬け屋さんの、店先に版画セットを置いてもらっていました。「かみひこうき」は、そのおまけとして、折りたたまれてセットに同封されていたのです。

夫とはこのようにして出会い、三歳年下ということもあり、京都を案内してくれる友人という感覚でいました。ある夏、東北へ旅をするので帰りに東京に寄るとのこと。北陸から北上し、青森から仙台などを通って南下するものと勝手に想像していると、津軽半島の三厩《みうまや》という無人駅で列車を待ちながらスケッチしたハガキが届きます。竜飛岬まで行くなんて、個性的な旅をする人と知り嬉しかったです。数日後、上野駅の改札口で待っていると、両手にリンゴの籠を下げてニコニコと歩いて来ます。もちろんひとつはおみやげかと思うではありませんか。ところが後ろから現れた小柄なおばあさんに、二つの籠を手渡しているのです。優しさはそれまでに充分承知していましたが、そのあたたかさ溢れる情景は忘れることができません。

大原の「志ば久」さんは、私が修学旅行で三千院へ行ったころ、呂川の南がわにあるご自宅から丸太を何本か渡して、手づくりの橋の上で樽を置き、手づくりの「しば漬け」を売っていたのだと思います。私たちが結婚したころ、夫たちの友人である久保勝さんは仕事を辞められてお母さんを手伝い、お店を向かいの三千院よりに建てられていました。大原の霧の立ち込める気候が栽培に適しているという、赤しそや茄子を育て漬け込み、一年中休みなしの大活躍でした。夫は頼まれて包み紙の上に添えるハガキよりすこし小さめの栞のようなものを制作。ゴム版を彫って、野菜の絵柄も実にオシャレなもので、漬物の新作ができるたび紙の色を替えながら種類を増やします。夜遅くに仕事を終えて、久保さんは夫との打ち合わせのために、よく山科まで車を走らせてくださいました。カタログの撮影には夫の友人カメラマンが大原まで同行し、私もスタイリストとしてお皿を選び揃えながら参加したことが、楽しい想い出となっています。

想い出といえば、1979年に開店したショップから、年4回発行していた「アンジュ便り」の101号に久保さんも登場されています。息子の小学5年生のときの担任、ロッククライマーでもあるO・T先生がリタイアされてから、なにかとアンジュをアシストしてくださっているのですが、これは2005年の記録です。

5月30日・晴天。NPO大原の里づくり協会を立ち上げた、亡き夫の友人・久保氏を表敬訪問のため、まずは三千院ちかくの「志ば久」へ。「日本百名山」の93山まで踏破され、家業のあいまには山々の道標を整備するなど、大原の歴史と自然を愛される久保さんは、都合で同行できないことを残念がりながら、金毘羅山の登山口、江文神社まで車で送ってくださり、名物の「アイスきゅうり」を4本、保冷剤つきで差し入れのおまけつき。急きょ結成した「アンジュ山岳部」はたった3名。そのうちSさんは、ヨーロッパアルプスにも登り、O先生と同じく岩(ロック)もやる本格派。Yさんは山好きのご主人と比良山などへ。私は大原10名山の一番北にある峰床山へ二度ほど登った程度。でも軍手をはめた装備と登りの足運びはほめられました。570mの頂上で昼食。木もれ日・鳥の声・谷から吹き上がる緑のそよ風、久しぶりの山はやはり良いものでした。帰り際「アンジュ山岳部のレベルは高いです。チロルも夢ではありません」と、道中「チロルのトレッキングに行きたいネ」と部員たちで話していたので、O先生の感想も嬉しいものでした。

その後、山岳部はいつのまにか廃部、海外ツアーにシフトしていきます。O先生は何度かの挑戦の末、京都検定1級を取得。なにかと知恵袋のような存在です。

二度の峰床山は夫と出かけたものです。車で大原から鯖街道を北上し、福井県も間近な久多《くた》という村の駐車場にパーキングして登ります。小浜から京都へ塩漬けの鯖をかついで走るいわゆる旧道は山間のけもの道、峰床山の山裾もその一部。ひと気のない静かな山、標高は930m、大原十名山中2位。南どなりの皆子山は972mで1位。ここも登ったような気がします。冬枯れの山を歩き、初夏には鳥たちのさえずりを聞きながらスケッチする夫の傍らで、私はのんびり過ごす時間が好きでした。版画家になりたい夫の夢と、ふたりとも大好きな松本に移り住み、ギャラリーカフェとアトリエのある生活を夢みていました。

このころ、夫は仕事で毎年末、ある新聞広告を担当していて、翌年の干支にちなんだお話を私が担当し、夫がイラストを描いていました。辰年には、「弱虫龍の子大冒険」。後年、そのお話は1冊の絵本となり、友人に印刷を頼み、娘と息子へと献辞を書いて展示会やショップでの販売のみながら、今となっては良い記念です。

マガジンハウス社から刊行されていた「生活の絵本」という大橋歩さんのイラストが表紙の季刊誌にも、ふたりで京都の暮らしについてルポしたものが連載されていました。語ることは尽きなくありましたから、山の上でのひとときは、ふたりですごすオアシス時間だったのですね。夫が存命ならば、きっと時間のできた久保さんと大好きなアルプスへ、いえ登山家・深田久弥氏の著書を全巻揃えるほどでしたから、百名山もご一緒していたことでしょう。絵具箱をカタカタ鳴らしながら……。

2022年11月20日(日)、パリから里帰りしている里美さんと1泊2日の京都旅行。京都駅から地下鉄烏丸線に乗車、終点「国際会館前」で下車。タクシーで「野むら山荘」へ向かいます。紅葉シーズンの日曜日を心配していましたが、大原への道はスイスイと渋滞なし。野村別れで左折、すこし静原方面に走って憧れの料亭着。ジャストシーズンで真っ赤に色づいた紅葉に囲まれます。里美さんも京都の田舎に興味津々。

元は修学院にあった邸宅を移築されたものとか、増床されていっとき旅館もされていましたが、今はお食事のみ。駐車場には外国車ばかり並んでいたと思うのに、広いからでしょうか、まるで貸し切りのような静けさです。

お食事の前にふたりでプレゼントの交換。里美さんにはリストウォーマー、フランス語でミテーヌを。グレーのアルパカ糸に透明のグラスビーズを通したおとなしいもの。エリザベス女王と同年齢というお母さまには、畑仕事をされるので手編みの帽子、妹さんへはマフラーにしました。まだ翌日も歩きまわるので軽いものにしたのです。

里美さんからは北欧で見つけたというハートのオブジェ。ハート型にした針金を溶接していて、色とりどりのきれいなビーズや貝殻が巻かれ、留めつけられて丈が42㎝もあります。大感激‼ ちかづくクリスマスの飾りつけに最適ではありませんか。ドレスに花柄の絵つけをされた陶器の天使は、旅先で天使を見かけると、つい京都のアンジュを思い出してくれるのかも知れません。ほかにも大好きなMONOPRIX（パリのスーパーマーケット）のエコバック新作各種‼ アフリカの布で作られた持ち手の長～いトートバッグ、どれもウレシイものばかり。

見た目も美しくおいしいランチメニューをいただきながら、次の本の構想もうかがいます。次作はエジプト。旅する絵本作家として世界各地を飛び回ってこられましたが、やはりコロナ禍で思うように出歩けずにいました。ようやく夢かなってスフィンクスの前でラクダに乗っている写真に見入ります。旅をしながらスケッチを山ほど描いて、お話しを紡ぎ出すのです。2023年6月、BL出版から『ぼくのともだちガムーサ』という、里美さんの新刊が送られてきました。ガムーサとはエジプトで牝の水牛のこと。家で飼っている水牛が逃げ出し、主人公の少年が追いかけて……。ピラミッドに眠る王ファラオと、仲の良かったライオンがスフィンクスとなって守りつづけるお話が重なり、エジプトの歴史と暮らしが描かれているもので、毎度のことながらナチュラルな挿絵に引き込まれて、いっきに読み終えました。

ランチ後は運動もかねて「志ば久」さんまで歩きます。途中、大原・里の駅の前を通りますから、寄らないわけにはいきません。私はスーパーでは見かけない、小粒で硬い柿をひと枝ゲット。敦賀街道を横切って、斜めに三千院へ向かい、紅葉に見とれて道を間違えたりしましたが無事到着。晩秋の午後の陽ざしが弱まるころ、三千院からの帰途らしい観光客の方々が皆さん「志ば久」へ。久保さんもいそがしそうでしたから、さきに志ば漬けなどを選びます。ようやく手のあいた久保さんに、ご無沙汰のご挨拶と遠来の里美さんをご紹介。突然でしたが喜んでくださいました。

「先日、NHKのBSで『サラメシ』に息子さんが出ていらしたでしょう?」と話していると、ご本人が登場。何10年ぶりでしょう。もうすっかり二代目、いえおばあちゃんが一代目ですから三代目の風格です。前の店のころ訪ねてくれたときのことを思い出し、「近くの用水路に落ちたんや、セーターになんか木のブローチをつけてたで」。

松本の木工家・三谷龍二さんが創られた木彫りのブローチ「子どもの情景シリーズ」のことですね。今では作家・伊坂幸太郎さんのブックカバーで、静謐な木工作品を展開されている三谷さんの初期作品のことを良く覚えていてくれました。サンタクロースやモミの木の素朴なブローチが懐かしい。

大原に夕暮れがせまるころ、小川のせせらぎを聴きながら細道を里美さんと下ります。修学旅行で訪れた田舎道は、ぎっしりおみやげを売る店や、ワインのカフェレストランもできていて異世界のように変貌していますが、賑わいから三千院寄りに竹林に囲まれ、ポツンとはなれた「志ば久」さんこそが、私にとっていつまでも心の大原です。

14
洛中

函谷鉾　四条室町にて

絞りの片山文三郎商店
蛸薬師通り

組紐の山鉾飾り　千總

鷹山の紙朱印
2019年、復興を願い1000部限定授与

屋上菜園　八百一 3F
奥にレストラン・セイボリー

末富本店
松原通り

末富ブルーの包装紙と
「うすべに」

オクラの花　八百一 屋上菜園にて

洛中

2023年7月19日(水)この日はアトリエ仕事が休みの日、後祭の山鉾建てもはじまっているので街歩き。いつも出かける前に、壁に貼った「京都市バス・地下鉄路線図」を見ながらコースをシミュレーション。めずらしく南から北へと上がっていきます。

京都駅、タワーの見える中央口向かいのバスターミナルで、交通整理をしている方に尋ねます。「烏丸松原は?」。「5番(系統)、1のりば、一つは行かへん」。なるほど、四条烏丸・四条河原町を経て岡崎・銀閣寺・修学院・岩倉が終点のドル箱路線といわれる5系統は、いつのころからか、烏丸五条で右折して河原町五条で左折、混雑する四条通りを避けるものと二系統に分かれました。

やって来たのは五条経由。烏丸五条で下りて、ひと駅北へ歩いても良いのですが、暑いので無理をせず次を待ちます。観光客の方もスマホを片手に納得しながら行列につづき、このごろは路線図を見ながら思案している方に、ひと声かけることも少なくなりました。烏丸松原下車、松原通りを西へ入ってすぐに、和菓子「末富」のカフェスタンド「AoQ」があります。あずき餡の入った「あんカフェオレ」などドリンク類や「あん塩パン」や焼き菓子も。若い層を意識して、となりには腐食させた銅板を青く塗った壁のベンチスペースもあり、ちょうどモデルさんが座って何かの撮影をされていました。

私は西へ少し歩いた南にある本店に伺います。50年前の結婚式で、引き出もののひとつが末富さんの「うす紅」でした。白い淡雪のような麩焼きを二枚重ねて、間に梅あじのペーストがはさまれている、はんなりとした京都らしいお菓子です。12枚入りの正方形の箱は、末富ブルーといわれる独特のブルー地に、画家・池田遙邨が描いた花が散らされていて、包み紙だけでもそれとわかります。いつもは高島屋などデパートで買うことができるのですが、祇園祭の間くらい、本店にお邪魔したくなります。やはり「うす紅」をいただきました。アンジュのレッスンではティータイムがあるのですが、マリアージュのマルコポーロという紅茶に添えても喜ばれます。

室町通りを北へ。室町通りは四条以北にホテルや飲食店が多くなりましたけれど、このあたりは繊維会社も健在のようです。高辻・仏光寺・綾小路と東西の通りを横切ってきました。四《し》綾《あや》仏《ぶっ》高松《たかまつ》万《まん》五《ご》条《じょう》と、京のわらべ歌にも歌われている通り名で、（まん）は万寿寺通りのことです。綾小路通りは四条通りのひとすじ南。前祭の鶏鉾が建っていたところです。右へ曲がって烏丸通りとの中間に、寛政元年１７８９年創業、田中長奈良漬店。スイカやキュウリもありますが、やはりウリの奈良漬けをいただいて、夏場の塩分補給といたします。

ずいぶん歩いて来て涼みたくなりました。目の前の京都産業センタービルに南から入ると、四条大宮にあるモリタ屋の店内。食肉屋さんから発展して、すこしセレブな小型スーパーマーケットのようになり、その室町店には私もときおり立ち寄ります。モリタ屋の奥は大垣書店本店。烏丸北大路で創業された京都の老舗書店です。書店は私のオアシスのひとつ、もちろん本探しが一番の目的ですが、友人と待ち合わせたりもします。1階の四条通り側にはカフェやフラワーショップがあり、西側にはカウンターの寿司店など飲食店も数店、書店だけ孤立せずに生活と一体化していて現代風。

本を手に取りながらひと息つけたので散策再開。四条通りを北へ渡り、室町通りを上がります。錦通りをこえ蛸薬師通りに来ました。ちょっと右手の町家へ。表に爽やかな布のリボンが下がって風にはこばれています。その絞り染されたのれんをくぐって引き戸を開けると、そこは片山文三郎商店。1915年から「京鹿の子絞り」専門の呉服製造を創業。もういつのことだか、ニューヨークのMoMA近代美術館で不思議な絞り染に出会いました。タグに京都の文字を見てビックリ。帰って来てから訪ね、引き戸をガラガラと開けさせていただきました。以来、長いストールや首まわりのおしゃれにチョーカーを各色揃えています。祇園祭期間はSALE中でもありますから、色選びも楽しいのです。今年は深いエンジ色をチョイス。秋の深まるころに、ニットと合わせたい。

ふたたび室町通りに戻ると、そこに和菓子や佃煮などをあつかう永楽屋・室町店。祇園祭のあいだ「水あずき」があるというので立ち寄ります。入店したとたん、「いらっしゃいませ、水あずきですか?」と店員さん。まさにそうですね。でもどのようなものかも知らずに来たのでキョロキョロ。アイスクリームのケースのようなところに、縦に長いプラスチックのカップがあります。これに太目のストローをさしていただくようです。しかし心のうちを察して「お持ち帰りですか?」と、ハズレなしの店員さんです。保冷剤をつけてくださいましたが、さらに家で冷やしていただきましたら、こし餡を葛で溶かしたもののようで美味しかったです。きっと宵山などで山鉾を見ながらいただく持ち歩き用でしょう。

永楽屋さんは「鯉山」のご町内、ちょうど山建てがスタートしています。会所となっている町家の奥で左甚五郎作の鯉を見たことがあります。巡行には山鉾の正面に、その鯉が飾られます。

六角通りをすぎ、三条通りに来ました。西へ入ると衣棚《ころもだな》通りの角に「鷹山」。もうほとんど形になっていて、白いはっぴ姿の大工方が大勢くつろいでいます。てっぺんの「真松上げ」も設置が終わり、夏空にスックとのびた鮮やかな松を見上げました。鷹山は昨年196年ぶりに巡行に復帰、今年はその2年目。2019年には唐櫃で参加した鷹山ですが、その年に鷹山の復興を願って千部限定・一部800円の紙朱印が授与されました。

伊藤若冲ゆかりの中京区にある宝蔵寺ご住職が手がけられ、山鉾の完成図と焼失を免れた3体のご神体がカラー、そしてみずからの自筆で「放鷹」の文字もさわやかでした。復活に尽力されたご町内の方々の熱意がつたわる黒く漆で塗られた柱や、新装されたご神体の衣装、年々真新しさに歴史が刻まれていく「鷹山」をこれからも応援し、目黒区立鷹番小学校出身者として、わが山鉾と思うことにいたします。

三条通りを烏丸通りに向かい、とちゅう呉服商「千總《ちそう》」さんのウインドーに引き寄せられました。

かわいい山鉾が組紐の技法で創られています。手にのるサイズで何基もあって愛らしい。この日はクローズでしたが、二階のギャラリーでは打掛や振袖をふくめた和装の歴史が鑑賞できます。烏丸通りはビジネス街でも、常にはよほどでなければ気がつかない山鉾の会所もあります。姉小路の角には「鈴鹿山」。姉小路通りに広い間口があって、烏丸口は木戸のようなもの。それでも祇園祭ともなれば、その木戸口も晴れの日です。姉小路通りの北側には二条城の北から数年前に移転してきたＮＨＫ京都放送局。細くて何気ない通りだったのに飲食店も急増しています。

烏丸通りを南へ下がり三条から六角通りへ。南角には「花市」、信号待ちをしているときに季節の花々を眺めながら、つい店内へも誘われます。東へ入ってすぐ左手に六角堂。聖徳太子が創建され、華道の発祥の地であり、代々池坊流家元が住職を務められています。

東洞院で左折してすぐ右手にあるのが「八百一」スーパーマーケット。洛中の真ん中、田の字地区とよばれるセレブな街ですから、品揃えはおしゃれです。三階には六角農場があり、レストラン「SAVORY　セイボリー」がL字型に屋上ガーデンを囲んでいます。この日、残念ながらレストランは定休日。エレベーターで3階に上がって静かな菜園を巡ります。テラスとの境を流れる小川には芹、北東角には柳が植えられ、風に揺れる柳は涼やか。オクラの花も行儀よく一列に並んで咲いています。わが家の北隣りのお宅には広い菜園があり、そこでオクラの花を知ったときには、そのモダンさに驚きましたが、ムクゲのような大きめでクリーム色の花が好きです。芯の濃いエンジもアクセント。レストランの食材に摘み取られる野菜たちは、夏の日差しを浴びてハツラツ。春に訪れた「八百一」京北農場を思い出します。

2階はフラワーやワイン・輸入食品など。1階は野菜・くだもの・鮮魚・肉類・パン・お惣菜などがパーフェクトに揃うマーケット。ここで買いものをしたく、北から南へという、私の散策ルートに従えませんでした。ズッキーニなど重たい食材が奈良漬けや水あずきなどに加わりましたが、まだ寄りたいところがあります。

東洞院通りを北へさらに進むと三条通り。歩いてきた東洞院通りは、江戸後期には人出が多かったからでしょうか、北行の一方通行だったと京都検定1級の友人から聞いたことがあります。私の想像によれば、綿市場から御所へ荷車が向っていたのでは？　今は幹線道路の烏丸通りよりも賑わっていたということでしょう。

三条通りの角にはレンガ造りの郵便局。その東にはここもレンガの京都文化博物館。元日本銀行京都支店であった歴史的建造物です。このホールで2004年春に展示会を開催したことがあります。古色蒼然とした雰囲気の中で、初めて2m角ちかい2枚のタペストリーと生徒たちのニット作品を展示。以降は高倉通りにエントランスのある新館の5階フロアを借り切って数年に一度開催。今年の11月17日㈮から19日㈰まで3日間、ニットアート展を予定しています。

東洞院通りをすこし上がると左手には「新風館」。もとNTTの社屋があり、リニューアルされて真ん中の広場を見下ろす低層のショッピングエリアでしたが、またまたリニューアルされてACEホテルが建ち、東洞院通りの入口から気楽に入って行けてテナントも興味深い。私が立ち寄りたいのはOyOy。東京・神楽坂にある「鴎来堂」書店と、京都・上鳥羽にある持続可能な農業を目指す「坂の途中」の採れたて野菜がコラボ、「坂の途中」はわが山科の商業施設・ラクト（洛都）内にあるMUJIの食品売り場にも出店。こだわり抜いてセレクトされた店内は居心地がよく、ボリュームのある美味しいプリンもティータイムに出かけると、ときどきオーダーしてしまいます。

「新風館」のB1には映画館のUPLINKがあり地下鉄・烏丸御池駅の南口からエスカレーターをちょっと上がると、特長ある4スクリーンの館内へ直結。1階の烏丸通りに沿って、NTTの旧社屋であったレンガ造りの建物は、2回のリニューアルでも取り壊されず、内庭のような空を見上げるグリーンのスペースがあるのも評価したい。

姉小路通りに面してACEホテルの入口があり、その向かいは文化元年（1804年）創業の「亀末廣」。重いガラス戸を引いてお邪魔します。亀甲型の最中を注文すると、奥で詰めてくれます。やさしい甘さの餡がうれしい。

姉小路通りまで来ました。姉三六角蛸錦《あねさんろっかくたこにしき》、わらべ歌はここから始まるのですが、この日は逆コースでした。朝9時過ぎに家を出て、12時すぎに烏丸御池駅から地下鉄に乗って帰宅の半日コース。いつも散策後には「ああ楽しかった！」と思います。それもそのはず、好きなところばかりを巡るのですから当然ですね。

15

洛東・山科

1957年7月　山科大築堤にて　撮影：佐竹保雄

洛東・山科

2023年5月20日㈯、NHK　TVで放映された「ブラタモリ　京都・山科編」を観て、あらためて山科の地形的重要性に気づかされました。

子どもたちの通った京都市立山階《さんかい》小学校の西北、手の届くところに山科中央公園があり、広いグランドは休日になると野球少年たちの元気な声が飛び交います。グランドの北には小山があって、「土居」と呼ばれていました。樹木に覆われた秘密基地のようで、私も一緒にかけ登ったこともある、子どもにとっては恰好の遊び場でした。今でも散歩がてらグランドを斜め横断して山科中央郵便局へ行くことも多いのですが、さすがに土居に登ることはなく、映像を見ていると茂みの中はきれいに整備されていて柵も設置、見違える変化に時の流れを感じました。

周辺は室町時代に築かれた「山科本願寺」跡の一部。南は新幹線の高架に沿って走る五条通り。新幹線で東京方面から乗車していて、「まもなく京都です」のアナウンスがはじまるころ、右手の車窓に一瞬見える団地群のあたりです。

「本願寺」は、宗祖・親鸞上人の教えから学んだことを、蓮如上人が信徒たちにわかりやすい御文《みぶん》として伝えたことで急速に門徒を増やし、そのことに反発した延暦寺の僧兵たちから攻められ福井県吉崎を追われ、山科に造営しました。広大な敷地に堀がめぐらされ、クランクという角の部分が複雑に折れ曲がっていて、侵入するものを防御する知恵から生まれた形状のようで、これも造営までの紆余曲折が為した技でもあるのでしょう。今まで五条通りを歩きながら、ただの溝と思っていた所がその遺された一部です。

小説『蓮如』を書かれた五木寛之氏は『冬のひまわり』取材のため山科へ来られたことがあり、周辺ではひととき話題になりました。山階小学校の北には蓮如上人の御廟所があります。また東本願寺・山科別院の南参道には石垣の上に蓮如上人像があったそうですが、第二次世界大戦の折、金属供出により撤去され、今は柵で囲われた広場に3mの石垣が残るばかりです。南参道は醍醐街道と交差したあと、西本願寺・山科別院の西参道へとつづきます。

山科は三方が山に囲まれ、南が開けている盆地。東は大津から逢坂山を越えてたどりつき、西の東山を越えれば京都盆地へ至ります。「山科本願寺」がこの地に建てられたのは、ひとえに交通のアクセスの良さからかも知れません。南へ道をたどれば宇治を経て奈良へ。またすこし西南へ進めば大阪に至ります。諸国の武将たちも、通りすがりに山科で見た堅牢な建築様式を各地へ持ち帰り、城づくりなどの参考にしたと、番組では京都の埋蔵文化財を研究される方が話されていました。

「ブラタモリ」の放映後、次の日に街なかへ出て買いものをしていると、「どちらから来られましたか?」と尋ねられ(何年経っても京都人に思われぬ言葉づかい?)、「山科からです」と応えると、「まあ、昨日観ました。山科ってすごいですね」と、言われてしまいました。タモリさんのおかげで認知度が少し上がったでしょうか。

今も山科はアクセス抜群の街です。京都駅からJR線でひと駅、所要時間は5分。東山のトンネルを抜けると、大築堤と呼ばれる勾配のあるカーブに差しかかります。1000分の10勾配のカーブを登るため、往年のSL（蒸気機関車）は京都駅を出発すると、トンネルの手前からより多量の石炭をくべつづけなくてはならず、そのため煙をもうもうと吐き出して懸命の登坂をよぎなくされました。東山を借景に武骨な黒い車体を前に押し出しつつ、煙をはく勇姿をカメラに写し込む山科は、SL撮影の聖地でもありました。

今年91歳となられた、SL写真のレジェンドと慕われる佐竹保雄さんのお宅は「蓮如上人御廟所」のすぐ近くです。佐竹さんがまだ中学生のころ、当時ご実家のあった祇園・知恩院前から自転車で東山を越え、列車の通過時刻にあわせて山科へ通われました。1952年5月、初めて撮ったSLはC62形がけん引する特急「はと」。他にも特急「つばめ」や、吹雪の中をばく進するC59、長い編成の貨物列車も多数撮られています。

貨物列車は、臨時貨物が増便されると、役目を終えた8620型の補機は機関区へ戻る際、重連で帰ります。それが三重連となったチャンスに、築堤の南から東山の緩やかなカーブを左脇に配し、夕方の雲が浮かぶ空を借景に、三つの機関車がそれぞれ炭水車をしたがえたシルエット写真がありをます。佐竹さんのモノクロ写真にはSLの迫力に加えて、ご自身では意図されていなくても、ときおりメルヘンさえ感じられるのです。京都へ来られたお召し列車なども含め、雑誌「鉄道ファン」に連載された17か月分を一冊にまとめた『やましなものがたり』をA3判大の私家版で2020年に出版されました。他にも日本全国を旅して撮影してきた膨大で貴重なネガフィルムは、数多くの出版物に採用されています。2022年秋に鉄道150年記念として発売された84円切手シートの一枚は、佐竹氏撮影「C62形蒸気機関車」の写真を元にイラスト化されました。

モノクロのSL写真に惹かれ、「雪とSL写真展」をアンジュで開催させていただいたこともあります。それは福音館書店から2005年刊行の、写真提供と監修をされた『おじいちゃんのSLアルバム』という絵本の出版記念展でもありました。アトリエの大きなテーブルにNゲージレールを置いて、一日中グルグルと模型列車が走り回る楽しい催事でした。

新橋・横浜間の鉄道開業から8年後、1880年から京都・大津（大谷）間に鉄道が敷かれます。当時列車は追分から南へ進路を替え、今の名神高速道路に沿うように大宅で西へ、深草で北へ向かい稲荷を経て京都駅到着。トンネルを掘削する技術がなく大回りしていた痕跡は、名神高速道路と外環状線の交差する南西の四つ角近くに石碑があり、「旧東海道線　山科駅跡」と刻まれています。

そののち東海道線が東山と逢坂山を掘りぬいて開通したのが1921年（大正10年）。深草の少将が小野小町を訪ねて百夜通いをしたと伝わる随心院は、石碑から東南の木立の中。春には桃の林を借景に「はねず踊り」が披露されます。蓮の咲く池のある勧修寺は南西に、桜の醍醐寺までも徒歩圏内。当時、鉄道で山科駅に降り立てば、花咲く名所へ訪ねることができたのですね。石碑の横には「名神高速道路起点の地」の縦看板。その左手上には横長の看板。旧東海道線の路線図と名神高速道路のMAPが描かれています。今回、石碑の確認に訪れ、1958年10月、わが国で初めての高速道路起工地とされたことも知り感動しました。

JR山科駅の南にある京阪山科駅。四宮・追分を経て滋賀県・浜大津まで京津線を運行し、南は石山、北は坂本を結ぶ琵琶湖沿いを走る京阪・石坂線に連絡しています。1997年に地下鉄東西線が開通するまで京阪電車は路面を走り、通勤・通学の足として大活躍していた様子を想い出します。朝夕のラッシュアワーには、京阪電車の職員が九条山のふもと「日の岡」の電停付近で交通整理をしなければならぬほどの混みようでした。地下鉄開通にともない、京阪山科の次の御陵《みささぎ》近く、三条通りの手前で地下に潜り、東西線に乗り入れています。東西線は伏見区・六地蔵から醍醐・小野・山科・御陵・蹴上・京阪三条・市役所前・烏丸御池・二条などを経て太秦天神川が終点。地上に出て四条大宮から来る嵐電嵐山本線に乗り継げば、嵐山まで鉄路で行くこともできます。烏丸御池では烏丸線に接続、北は今出川・北大路・北山から国際会館まで。南は四条・京都・十条を経て竹田で近鉄線に乗り入れています。

JR山科駅は琵琶湖線と湖西線の分岐駅。琵琶湖線の東方面は、草津・野洲・近江八幡・彦根・

米原へ。米原経由長浜行や福井県の敦賀行もあります。湖西線は堅田・高島・今津に行きますが、その先の近江塩津を経て北陸本線として敦賀にも行けます。

西方面は京都へ。京都から南へ向かって宇治・奈良へ都路快速も走ります。30番線からは関西空港へ「はるか号」。32・33番線には山陰線が嵯峨野・亀岡・園部・福知山方面へ。

京都線は、高槻・吹田・大阪・芦屋・神戸・明石・姫路・加古川行など西へと向かいます。各方面ともに、ホームや車内でアナウンスを聞いているだけでも、それぞれの駅名に旅情を感じてしまいます。

山科駅は新快速が停まり、大阪まで35分、神戸三宮に55分。通勤や通学に便利とあって京阪・地下鉄・バスへの乗り換えをする人も多く、ウィークデーの朝夕は大混雑が日常。

山科駅のホームに立って東を見渡すと、醍醐山に連なる音羽連山の山裾には名神高速道路。かつての旧東海道線に沿って、南へ向かいながら山科を横断するように西へカーブ。京都南・大山崎・高槻・吹田・西宮・宝塚と各所のジャンクションでより遠くの街へと縦横に展開しながら、どこまでも高速で行くことが可能です。その京都東インターが山科三条通りと五条バイパスに乗り入れていますから、車もふくめて交通のアクセスが良いと言えます。

私はつい数年前まで、四条河原町などへ出かけるときに「街へ行く」と言っていました。

ひと山越えて出かけるわけですから間違ってはいないけれど、しかし京都市山科区であり市内であって人口13万人余の立派な街です。京都市中心部、碁盤の目の街なかはたしかに洛中、都ができたころ、他は洛外だったのです。北山通りより北は洛北、西大路通りから西は洛西、九条通りから南は洛南、鴨川より東は洛東という名称もあり、山科は洛東にあたります。

洛東・山科にも名所があります。大津の琵琶湖から京都市内へ引かれた山科疏水が北の山裾を流れ、疏水沿いは桜の名所。さらに山手へ登っていくと「毘沙門堂」。天台宗の門跡寺院で、ご本尊は七福神のひとつ毘沙門天。しばらく前のＪＲ東海による秋のキャンペーンポスター「そうだ京都、行こう。」に、この毘沙門堂の紅葉風景が写っていました。正面の急階段ではなく、西よりの幅広いゆるやかな石段に真っ赤なモミジが敷きつめられて、それは旅心をノックする印象的な写真でした。境内の樹齢１５０年という枝垂れ桜も評判で、桜と紅葉の時期は賑わいます。

醍醐寺は伏見区、でも醍醐寺行のバスは山科駅のバスターミナルから六地蔵行に乗車すると、随心院の四つ先で醍醐寺の門前で停車してくれます。豊臣秀吉が桜を植えさせて大宴会を催したという醍醐寺の桜も見事です。

毎年12月14日には「山科義士まつり」。兵庫県・赤穂市でも「赤穂義士まつり」が同日に開催されます。赤穂浪士や家来などに仮装した区民の行列が「毘沙門堂」から山科駅前、外環状線を南へ下がって区役所のある椥辻《なぎつじ》で十条通りを西へ「大石神社」まで鳴り物入りで寒風の中を練り歩きます。年末恒例の風物は、今年の師走もあとわずかと思う一日でもあります。宿敵・吉良上野介に仇討ちを遂げる四十七士をまとめた大石内蔵助は、縁者をたよって山科の地で岩屋寺のご本尊に本懐を祈願。

稲荷山の東裏手、十条通りの東山トンネル出入り口近くに大石神社があります。ここも大石内蔵助ゆかりの神社ですが、実際に暮らしていたのは、もうすこし南よりにある「岩屋寺」。坂道を上がり、その上階段も上がって結構な高さで山科が見渡せる絶景ポジション。階段手前の広場に咲く桜林も美しい。99歳で亡くなった母と、94歳で骨折入院するころまでよくお花見に出かけました。そのころは知る人ぞ知るという、本当に隠れ寺のようにひっそりしていましたから、二人だけで淡いピンクの傘の下にいるような、極上の春のオアシスでした。

大石神社から十条通りを東へ1kmほど歩くと折上《おりがみ》神社。平安時代、御所に勤める女官のひとりが、このお宮に祈願をしたところ願いが叶ったという伝説により、今では働く女性たちの守り神として人気があります。私も働く人としていつのころからか折あるごとに通っています。それも自宅から徒歩です。ちょうど西南へジグザグに歩いて40分。しかしここ数年は気候や体力と相談しての限定ウォーキング。京阪バスの西野山団地行で最寄りのバス停から五条通り・清水焼団地・大石神社を経て15分、「折上神社」下車を選択することが多くなりました。海外旅行に出かける前には必ず訪れ、旅の期間中毎日のご祈祷をお願いします。生徒たちを連れてツアーに出かけることもありますから、全員の無事を願い、帰って来てはお礼参りにうかがうことで、ご縁がつづいている気がしています。

以前、お堂の屋根の葺き替えに寄付の呼びかけがあり、少額ながら寄進したところ、屋根うらの銅板に名前を入れてくださり晴れがましいことでした。折上神社は境内に「中臣群集墳跡」の石碑があり、十条通りの南北は中臣遺跡。今でも古墳時代の遺構が発掘されたというニュースを目にします。山科盆地の真ん中、古代の人々も暮らしやすい場所として、山科の地を選ばれたのでしょうか。


稲荷山つづきに京都トレイルのひとつ東山ルートを北へたどると花山山《かざん》。そこに「京都大大学院附属・花山天文台」があります。１９２９年（昭和４年）創立時からの古風な建築群もレトロ感にあふれ、天文に興味を抱く研究者や天文ファンを今も魅了しつづけています。創立時は市街地に近い天文台に疑問を持たれましたが、京大にも近く、西にある清水山の森に光が遮られ問題はありませんでした。しかし１９６０年ごろから東にある山科が発展し、天文台から夜景が見えて美しいとしたら、観測拠点としてはいささか難があるかも知れません。

２０１８年10月20日㈯、18時40分より、この天文台でコンサートが催されました。現在日本には岐阜・飛騨天文台と、２０１８年には岡山にも天文台が新設され、年々国の予算が削られて、それ以前から「花山天文台」は閉鎖の危機に陥っていました。そこで多くのファンたちによる支援活動がスタートして、その６回目の野外コンサートでした。友人と地下鉄東西線・蹴上駅で待ち合わせ、この日だけ運行するシャトルバスに乗って、東山ドライブウェーを走り、10分ほどで会場近くの駐車場へ。右下に薄暮の山科を眺めながら山道をすこし登ると天文台着。いつも外環状線から丸いドームがかわいいシルエットを眺めているので親近感があります。開演前に開放されている施設のいくつかを見学。本館ドームに置かれている45㎝屈折望遠鏡で、第3代台長の宮本正太郎名誉教授が、1956年から20年間、晴れの日は欠かさず火星の観測をつづけられたことが伝説となっています。

月と音楽と映像の夕べ「古事記と宇宙」と題して、コンサートが開始されました。昼間は晴れていても秋の野外、コオロギも鳴いていますし重ね着をしての鑑賞となりました。

丸い天文台の1、2階部分に映像も投影され、喜多郎さんのシンセザイザーが宇宙と共鳴しているような時間となり、休憩タイムには、職員の方が望遠鏡を幾つか会場付近の草むらにしつらえて、夜空に向けたレンズをのぞかせてくれました。

2020年1月、イギリスのロックバンド「クイーン」のギタリストで天文学者でもあるブライアン・メイさんが来日。日本でのライブツアーを知った前台長の柴田一成京大名誉教授（喜多郎さんともフレンドリー）が、熱烈な招待状を送ったことで、プライベートな訪問が実現します。太陽の研究で知られる「花山天文台」には、おなじ太陽系の研究で博士号を取得したメイさんも興味を抱いていた様子。資金難を伝えられると、「こんな素晴らしい建物は、子どもたちのために残さなければならない。サポートする」と語られたことを新聞記事で知りました。洛中からは見えないけれど、洛東の山科からなら見える天文台は、ちょっと誇らしいものです。

２０２３年９月30日に催される喜多郎さんによる「応援・野外コンサート」は10周年となり、ひと区切りの最後のものとなります。しかし喜多郎さんは今後も同天文台の発展へ協力を続けられ、「花山天文台１００周年となる２０２９年を大きな祝いの年にしたい」と力強いメッセージが寄せられています。私も天文台を眺めるたびに、頑張れ!!　と応援したく思っています。

花山天文台　応援・野外コンサート

草むらでコオロギがなく夜、喜多郎さんのシンセサイザーが宇宙と共鳴しています。

16 アンジュ・アトリエ

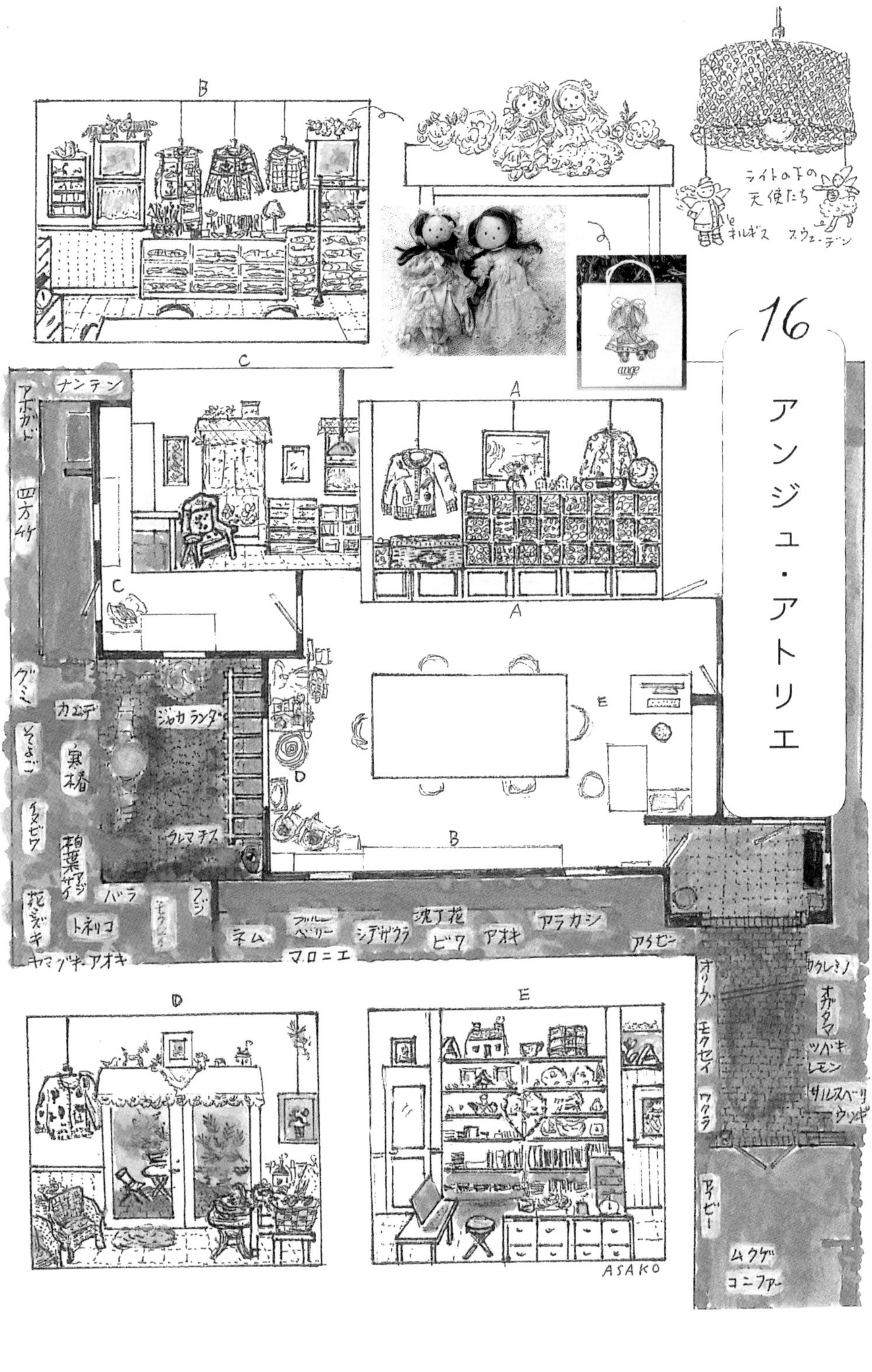

ライトの下の天使たち
キルギス
スウェーデン
ange
A
B
C
D
E
ナンテン
アボガド
四方竹
グミ
カエデ
ジャカランダ
そよご
寒椿
イヌビワ
柏葉アジサイ
クレマチス
バラ
花ミズキ
トネリコ
フジ
ヤマブキ・アオキ
ネム
ブルーベリー
マロニエ
シデザクラ
沈丁花
ビワ
アオキ
アラカシ
オリーブ
カクレミノ
オガタマ
ツバキ
レモン
サルスベリ
ウツギ
アイビー
ムクゲ
コニファー
ASAKO

アンジュ・アトリエ

山科に暮らしはじめて48年。住めば都の言葉どおり、嫌気のさすこともなく、この歳月を過ごしてきました。フリーのニットデザイナーとして東京からやってきて、二人の子どもを育てながら、グラフィックデザイナーの夫とふたりで、小さなアトリエ風ショップを自宅に開店し夢を形にする日々でした。

あるとき東京の友人からTV出演の依頼をされます。NHKの「婦人百科」には出演したことがあり、大阪放送局へは二度ほど伺ったことがありますが、朝のワイドショーってなんだか自信のないまま東京へ出かけました。

赤坂のホテルに前泊して出演したのは、TBSの「朝のホットライン」。草野仁さんと有村かおりさんがMC。スタジオには事前に送っていたニット作品が数点展示され紹介したあと、着ていた残り糸をつないで制作したセーターに振られます。「新幹線の中で糸始末をして仕上げてきたのです」と話しながら、糸のつなぎ方をご披露する場面もありました。あとから視聴者の応対をするオペレーターさんたちが、モニターにくぎ付けになって私の手元を見ていたと言われ、「成功です」とねぎらわれました。スタジオの片隅で出番を待っていらしたタレントの前田武彦さんが、ほっとして退出する私に「良かったよ」と声をかけてくださったのもうれしかったです。

それは1986年10月1日のこと。番組内では自宅やショップの様子も事前撮影され、家族で山科疏水を散歩する映像もあり、やさしい夫と二人の子ども、そしてそのころには同居していた私の母もいて、後日いただいたビデオテープには、後年急逝した夫と、ご近所さんの中には、ずっと夫のお母さんと思われていた母も一緒の懐かしい想い出が残されています。山歩きの好きな夫に連れられ、家族そろって稲荷山はもちろん、四宮から小関越えで三井寺を経て琵琶湖へ出かけ、音羽山にも登りました。山科疏水沿いに天智天皇陵を過ぎたあたりで山へ分け入り、南禅寺裏から大文字山へ。また毘沙門堂の裏手から大文字山にもよく行きました。途中でリスに出会ったこともあります。大文字の火床にたどり着き、京都の街を俯瞰するのは山登りの達成感を味わうとともに、地図好きの私にとって、MAPに描かれた地形を鳥の目で確認できる至福の時間でもありました。

結婚して一年は醍醐寺に近い伏見区・小栗栖に暮らしましたが、翌1975年、山科へ移り住みます。その翌年、東山区から分区して山科区が誕生。家から歩いて数分にあった二階建ての図書館は、山科警察署が名神の南、小野に移転したあとに造られた山科福祉センターの四階へ。東本願寺・山科別院の東参道にあった山科支所と保健所は、椥辻に山科区役所として移り、あとには「山科青年の家」があらたに建設されてテニスコートもあります。昔も今もあたりは山科の要のような場所です。

広告代理店に勤務する夫と暮らしながら、フリーのニットデザイナーとして仕事もつづけていましたが、京都での展開を思案していると、夫から「寺町通りに良さそうなギャラリーがあるから個展をしてみない？」と言われました。間口は小さいけれど奥行が深く、箱型ピアノも置いている、お茶の「一保堂」斜め北向かいにあるギャラリーでした。

１９７７年秋、「手編みのベスト30枚展」と題して開催、京都デビューです。糸は市販のものや、愛知県一宮まで出かけて珍しい糸を仕入れてデザイン。そのころから夫には「自分が着たいものをデザインすること」と、アドバイスされます。それまでメーカーや雑誌のデザインを手がけ、与えられたものの中で、デザイナーとして１００点を目指すことを心がけていましたが、必ずしも本意でない仕事もあることをそばで見ていて、より自由にという声援だったのでしょう。制作して展示したベストたちは、思いのほかお客さまにも良い反応をいただき翌年にも開催。第二回展のＤＭに描かれたメッセージには「二回目の今年は意欲的!!　といっても日常的なベストばかりだから奇抜なものはありません。手染めの毛糸に、西陣の糸屋さんで掘り出した不思議色の絹糸を絡め、アムステルダムで見つけて編んだ手紡ぎ糸のものなど……。あとはそれぞれの糸が持つ雰囲気を大切にして、とにかく30枚。秋深まりゆくころ、毛糸たちの集いへどうぞ」。

そういえば、逢坂山の大津側からすこし登ったところにある草木染の工房に通ったのもこのころです。草津・瀬田・大津を歩いてきた江戸からの旅人たちが、身支度を整える地点として、琵琶湖の望める山裾の街道筋に、帯締めや羽織紐の繕い、反物を仕立てた着物などを求めて立ち寄る店が並んでいたそうです。その一軒が代を重ねて現代の染め物に受け継がれる工房を開いていました。

木の葉や木肌など自然素材を染めていく手順などを楽しみながら学びました。しかし、一度に染められる量はよほどの巨釜でなければ限られます。同じ色を再現するのは至難です。そのことに気づき手染め糸は諦めました。東京では織物や手紡ぎなども経験していましたが、なんの縛りもないオリジナル、視点を替え一メーカーの仕事では叶えられない、国内外数社から選んだ糸を自在に組み合わせることで、独自の世界を創りはじめたのです。

二回目ともなるとおなじみの方も増えました。作品とともに使用している糸が欲しい方もいて、思いがけないお話が重なります。ではいっそのこと、以前からしてみたかったお店というものに挑戦したくなり夫も大賛成。家の前は東本願寺・山科別院の東門に突き当たる一方通行の細い道でしたけれど、外環状線にあるスーパーマーケットへ通じていて、西には大きな団地もあり人の往来の多いところです。

ブロック塀を取り壊し、通りに面した洋間を改装。1979年3月21日、私の誕生日に開店した「毛糸小舎アンジュ」。ヨーロッパへの初めての旅を終えたあとでしたから、レンガ敷きの小さなアプローチと格子窓のある外観。ちょっと立ち寄ってウインドーを覗いて見たくなる、そのような雰囲気を演出したつもりでした。アプローチの片隅にはレンガを数段積み、大きなアールを描き、シンボルツリーとして当時は珍しかったピンクの花ミズキを植えました。

「何ができるのかと思っていたら、毛糸屋さんなんて嬉しい」と言ってくださり、その後友人となるHさんが、初日に午前と夕方と二回訪ねてくれて、予測の立たぬ船出をすこし勇気づけてくれました。夫もフリーのデザイナーとして自宅で仕事をしはじめており、いわゆるパパ・ママストアでしたが、パリなどでの経験から、ランチタイムを設けて、8月は一か月休むメリハリのあるスタイルを今も守りつづけています。

翌年、それまで夫が仕事のかたわら全国へ飛ばしていた京都からの手描き情報紙、B4サイズの「かみひこうき」を8年でランディング。かわって「アンジュ便り」をテイクオフさせました。1980年5月、記念すべき第1号はタイトルを「SAISON DE ANGE」、サブタイトルに「山科村字アンジュから四季の便り」とあります。京都の洛北・今宮神社の近くで生まれ育った夫にしても、山科は遠い存在だったのでしょう。また刻々と田畑がなくなり、外環状線ぞいにマンションが立ち並ぶ開発さなかでしたから、短い冒頭の言葉にも戸惑いが表れています。「京都であって京都でない。外から見るとなんとなく落ち着きのない山科村も、いざ住人になってみると愛着がわいてきます。身近に夢のある空間が少しでもふえてくるといいですね。そんな思いもたくしてSAISON DE ANGEの旅立ちです」。このころはB4サイズでした。

年に4回、記念切手を貼って手描きで宛名を書き、1回1、000通!! のときもありました。手描きのイラストとエッセイ満載「アンジュ便り」を発行しながら、新聞や雑誌の取材を受け、TVにも出演しているうち、関西各地や東京など遠方からも訪ねてくださるお客さまも増えました。パッチワークや刺繍など手仕事各分野の作家さんたちともご縁が結ばれます。1983年には新築改装して、毛糸に限定の店名から巣立って「メゾン・ド・アンジュ」に改名し、年4回のギャラリー展で大いそがしでした。

そのようなせわしない日々の中でも、子どもたちとの時間も楽しんでいました。毎年夏にはドライブ旅行。長野の開田高原や、鳥取・大山などに出かけ、澄みきった高原ライフを満喫。ところが1986年チェルノブイリ原発事故の年、私たちは友人のカトリーヌさんから一か月間パリと京都の家をエクスチェンジしない？ という、思いがけない提案をされ、母は「東京の長女宅で留守番しているから行ってらっしゃい」と言ってくれて実行。セーヌの支流マルヌ川も目の前を流れる趣のある一軒家。それまでも何回かお訪ねしていましたが、私たちは滞在しながら北欧やスイスなどに出かけ、グリンデルワルドではチーズ職人さんのB＆Bで、アイガーの北壁を眺めながら過ごしたりしました。

日本から帰ってきたカトリーヌさん一家と入れ替わりに帰国する私たちを「ちょっと待って、シャワーを浴びたら送っていくから」と、思いがけない申し出に恐縮します。（私はカタコト英語）おまけに古城のある街でランチのあと、長旅のあと数時間前に着いたばかりのシャルル・ド・ゴール空港まで送ってくれたのです。別れのときにはハグして涙が止まりませんでした。しかし私たちはその後イギリスに寄り、ロンドン近郊の田舎巡りのドライブも想い出に追加されました。

楽しい日々を過ごしていたところ、1991年12月半ば、娘が16歳、息子が10歳の師走、夫は脳出血で突然帰らぬ人となりました。

人生のパートナー、一番親しい友人としてそばに居てくれた夫を、思いがけなく失い途方にくれながら、クローズしているショップを、どのように再開しようかと思案する日々でもありました。母や友人たちのサポートにより、なんとか新年もすこし過ぎたころ、「もうあのニュースを見ることができないのね」という言葉を聞き、心のなかに抑えていたものが湧きだしてくるのを感じたのです。たしかに手描きの紙面は夫がスタート時より手がけていましたけれど、記事の内容をふたりで考え、お互いに知恵を出し合って創り上げてきたもので、ときおりイラストも描いていました。A3サイズ（20号より）のケント紙に向かい、№48となる春の号を描き始めたところから、未来へ向かって歩いていく力を与えられたような気がしました。できあがった「アンジュ便り」をパリへ送ると、里美さんから電話。「なにも変わってない、あなたならできるわよ」と励まされたことも大きな力となりました、

数年後、思わぬ申し出を受けることになります。それは50ｍほど斜め東に住む友人Yさんご夫婦が訪ねて来られたことから展開されます。息子と同級生の娘さんのいる優しい教師のご夫妻です。ママ友としてよく広いお庭にうかがって「ここは素敵ね」といつも言っていました。ご両親の平屋と、その奥に息子さん一家の二階家があり、「東の庭に二世帯住宅をつくるので、今の二軒を壊すから、そこに来てくれませんか？」。思いがけないお話しですが、不動産屋に任せたらワンルームマン

ションを造られてしまうことを避けたかったようです。

リニューアルした家の建築を請け負ってくれた工務店に相談すると、「良いお話ですね、なんとか実現するようお手伝いします」と言われました。住んでいた家を売っても潤沢なものとはならず、「設計料は省けます。一緒に考えましょう」と提案されます。

幼いころからの夢のひとつに建築家というのがあり、実際にアイディアと予算を考慮しながら設計が始まりました。1995年・夏のことです。この年の1月15日に「阪神淡路大震災」がありました。Y家の二世帯住宅への決断を示唆する出来ごとでもあったでしょう。私にしても山好きの夫と語りあっていた、松本に移住したいという夢に50m近づけることでもありました。

余談ながら、大震災の前日、母と息子と三人で淡路島の水仙とうず潮を観に一泊旅行に出かけ、フェリーで神戸に戻り、三宮の商店街を通り抜けながら京都へ帰ってきました。その翌日の早朝、震源地は京都かと思うほどの強震に起こされました。ようやくTVで悪夢のような光景を見たとき、どれほど驚いたことでしょう。前日の夕刻に歩いていた三宮などの大惨事、港で入れ違いにフェリーに乗り込まれた方たちは、どうされているかと心が騒ぎました。知人や生徒さんも数人神戸在住の方もいるので、他人ごとではなく犠牲者の方々に哀悼しながら、できることをと、傾いた高速道路の下を歩いて知人へ物資を届けることもありました。

Y家の二世帯住宅が完成し、次はわが家。細長い土地でしたから、半分にしていただき、北側に建てます。南部分を更地にしていた作業場は、まだ暮らしていた家から日に何度も通う近道でもありました。1996年、桜の咲くころに地鎮祭、夏には引越しをして、夢であった庭のある家に移住です。

生徒さんたちから、お祝いを……と打診され、お言葉に甘えて庭に植える樹々へのグリーンカンパをお願いしました。樫・寒椿・そよご・モクセイ・ネム・シデザクラ・沈丁花・竹・楓・山吹などなど。それほど広くない庭ですが、フレンズガーデンと名づけて、いただいた樹々の成長を眺めながら、この歳月を暮らして来ました。庭の南東の角には、アンジュがオープンしたとき、店先に植えた花ミズキが、今も花をつけ達者でいます。通算で44年を超え、ともに生きてきてくれて、アンジュの紡いだドラマチックな日々を見守ってくれているのです。

Y家との間の垣根にはカロライナジャスミンが繁り、パリで作ってもらった「ROU DE ANGE」という道路標識を取り囲むように、ビナンカズラが繁茂。生命力が強く放っておくと、どこまでも伸びていきます。雪柳も春にはなくてはならぬ白いアクセントですし、クリスマスローズも忘れずに咲いてくれる優等生。アイビーはあちこちで集団を作り、玄関のアールを描くアーチの上に取りつけたパリ制看板、2枚目の「MAISON DE ANGE」が見えぬほど繁っています。

いつのまにか藤がテラスのパーゴラを這い上り、初夏には長い花房を風に揺らしますし、グランドカバーは双葉アオイ。いただきものの苗木や、折々園芸店で見つけた花などもアプローチのすき間に植えているうちに、しばらく放っておくとジャングルのようになります。最近は、長年のおつきあいだった植木屋さんが、とうとう店仕舞いされ、新しい植木屋さんがみつかるまで自分で剪定をしています。脚立に乗って高枝バサミでノッポの枝を落としたり、植木バサミを片手に伸び盛りの枝を伐ったり、枯れた葉や花ガラを摘み歩くなど、編みものをしたり、パソコンや製図用紙と長い時間向き合って疲れた目や肩を休めているつもりです。

新築移転した際、Yさんから「きっと木や花を植えてきれいにしてくれはる……」と言われました。先見の明大ありで、いまでは小さいながらアンジュ植物園。Y邸も南のお庭に菜園を作り、もう畑仕舞いをされるそうですが、長年トマトや白菜・ジャガイモなど季節の旬をいただきました。養蜂箱も二つあって、自家製ハチミツには、わが庭の花たちも少し協力していると思うと、愛しいプレゼントです。初夏には白い大きな毬のようなアナベルが見事に群れ咲きます。ひと抱えほど分けていただき、アトリエのテーブルに飾っては、花好きの生徒さんたちとレッスンしながら花々トーク、楽しい時間が流れます。

2005年3月「アンジュ便り」は100号を発行。3月15日から寺町三条を下がったところのギャラリーで、100号記念展示会「パリを編み　京都を編む」を開催。手描きのニュースの原画をパネル貼りにし、二つの古都のタペストリーも展示したこのとき、パリと京都は姉妹都市ということを知り、以降全9都市のタペストリー制作に挑みつづけ、２００４年に「京都」、２００５年に「パリ」、２０１５年に9作目の「グアダラハラ（メキシコ）」を完成。フィレンツェ・ザグレブ・キエフ・プラハへは友好記念行事に参加し、タペストリーの展示もして来ました。今年の11月にはドイツのケルンで60周年記念の式典に参加のため訪独の予定です。

「ボストン」・「西安」の姉妹都市も含め、「３・11を想う」など生徒さんたちと共同制作したものも入れて27作品をまとめた『わが心のタペストリー』を、２０１５年に「かもがわ出版」より刊行いたしました。その後もライフワークのように、地球の平穏を祈りながら制作をつづけています。タペストリーの制作、レッスン教材となるキット作りなどは、アシスタントの協力が必須です。レッスンのある日、アシスタントとふたりだけのアトリエの日、そして年々大幅に増やしているひとりだけのオフの日、どれも気に入っていて、ＯＮとＯＦＦを切り替えながら生涯現役を思う日々です。

２００９年3月、30周年を節目としてショップをクローズし、同年5月にレッスンクラスのみのアンジュ・アカデミーとなりました。「アンジュ便り」も１１５号でＬＡＳＴ　ＮＥＷＳとなり、毎号待ちかねていてくれた多くの方々に惜しまれながらペンを置きました。

それからでも14年、コロナ禍も経験しながら歩きつづけ、２００８年よりブログを開設して、定期的とは言えませんが、1か月に1回程度更新しながら発信はつづけています。

アカデミーとなる前から東京ではレッスンクラスを持っていました。複数クラスを抱えて、二泊三日の出張でしたが、母が94歳のとき自室で股関節を骨折したことを東京で知り、それ以来教室を縮小して日帰りで上京するようになりました。8月だけ休んでいた東京クラスは、徐々に回数を減らし、数年前より1年6回、長く通えるようにとの思案の末の決断です。

旅は好きですから出かけることは苦にはなりませんが、東京駅の雑踏などが苦手となりました。東京クラスの方々と楽しいレッスンを終え、ティータイムをご一緒したあと、銀座などに立ち寄りながら、東京駅から乗車。暮れゆく東京に「またね」と別れを告げ、書店で求めた文庫本を読み、窓外の夜景を眺めるうちに2時間15分で京都駅に着きます。その間に心身ともにくつろいで、およそ13時間の日帰り旅を終えほっとします。そしてどなたも同感のこと、自宅が一番のオアシスですね。

夕暮れどき、アトリエに飾られた四季折々のニット作品（夫の助言を守っていることで、困ったことに、全部着てみたいものばかり）。長年収集してきたフランスの友人たちの刺繍絵や、自ら製作したニットの額絵（どちらも季節ごとに入れ替え）、旅先で求めたかわいい小ものたちに囲まれ、静かな音楽が流れる窓辺で白い籐椅子に座ります。そして庭の緑を眺めながら、くつろぐときほど幸せなことはありません。このごろはこの椅子に座って、想い出いっぱいのアトリエを見まわしながら、いつの間にか長い眠りにつけたらいいな、と思っています。そのような場所こそ究極のオアシスではないかと考える歳となりました。

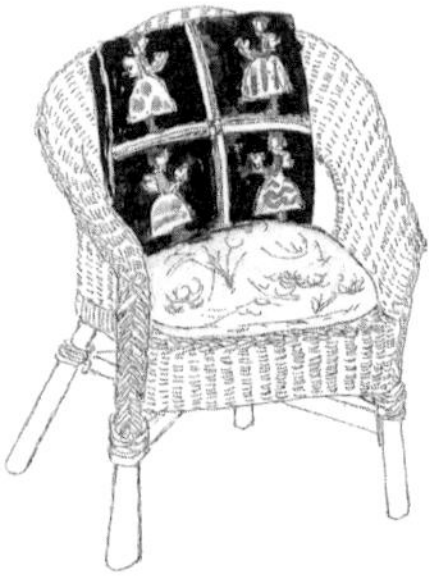

アンジュ便り　N°100記念号

アンジュがOPENしたのは1979年3月、その1年後から発行しつづけてきた手描きのNEWSは30年を節目としてクローズした2009年3月で115号となりました。
季節ごとのニットのカタログでもありましたから、今でも「これを編みたい」と懐かしいバックナンバーを持参される方もいて、いつまでも色褪せないデザインは誇りでもあります。

参考文献

ロム・インターナショナル編　京都を古地図で歩く本　2015年　河出書房新社

松谷 茂　植物園の咲かせる哲学　2022年　教育評論社

佐竹 保雄・紀美子　「撮り鉄」夫婦　一つのレール　2022年　朝日新聞社

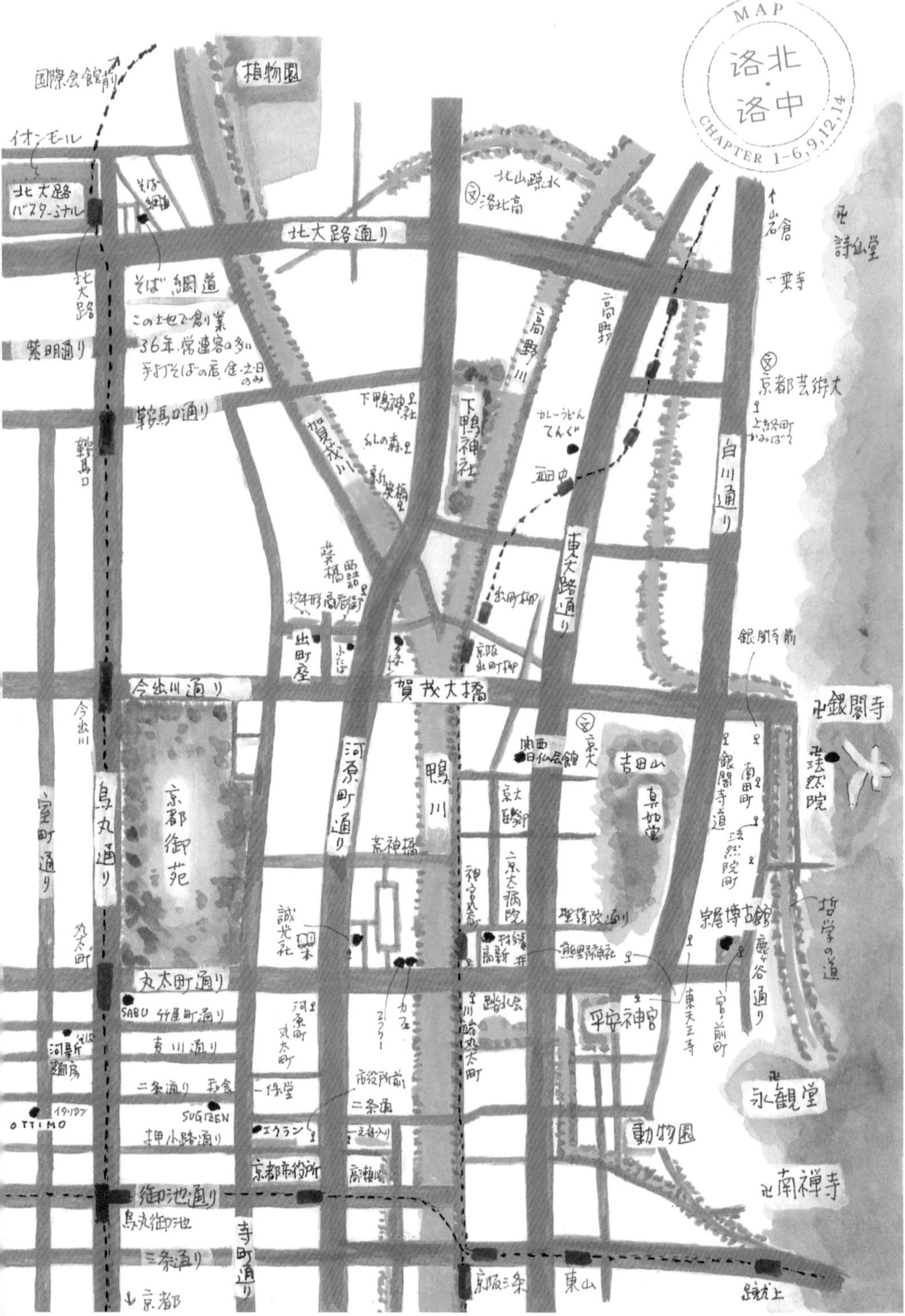

MAP
洛北・洛中
CHAPTER 1-6,9,12,14
国際会館前
植物園
イオンモール
北大路バスターミナル
そば鍋道
北大路
北大路通り
そば 鍋道
この土地で創業
36年.常連客の多い
手打そばの店.金・土・日のみ
紫明通り
鞍馬口通り
鞍馬口
北山駅
洛北高
下鴨神社
糺の森
新葵橋
賀茂川
下鴨神社
高野川
高野
カレーうどん
てんぐ
茶山
出町柳
葵橋西詰
桝形商店街
出町座
ふたば
京阪出町柳
今出川通り
今出川
賀茂大橋
東大路通り
白川通り
一乗寺
山端
詩仙堂
京都芸術大
上終町 京都芸大前
銀閣寺前
銀閣寺
法然院
哲学の道
銀閣寺道
南田町
法然院町
京大
関西日仏会館
吉田山
真如堂
京大医学部
京大病院
聖護院通り
熊野神社
藤井大丸
神宮丸太町
鴨川
河原町通り
荒神橋
京都御苑
烏丸通り
室町通り
丸太町
誠光社
本
丸太町通り
SABU
竹屋町通り
夷川通り
河原町丸太町
エスクワ
カフェ
宗教博古館
鹿ヶ谷通り
東天王町
宮ノ前町
平安神宮
そば
河道屋
二条通り
和食
一保堂
市役所前
二条通
イタリアン
OTTIMO
SUGIZEN
押小路通り
エクラン
京都市役所
高瀬川
永観堂
動物園
南禅寺
御池通り
烏丸御池
寺町通り
三条通り
京阪三条
東山
蹴上
京都

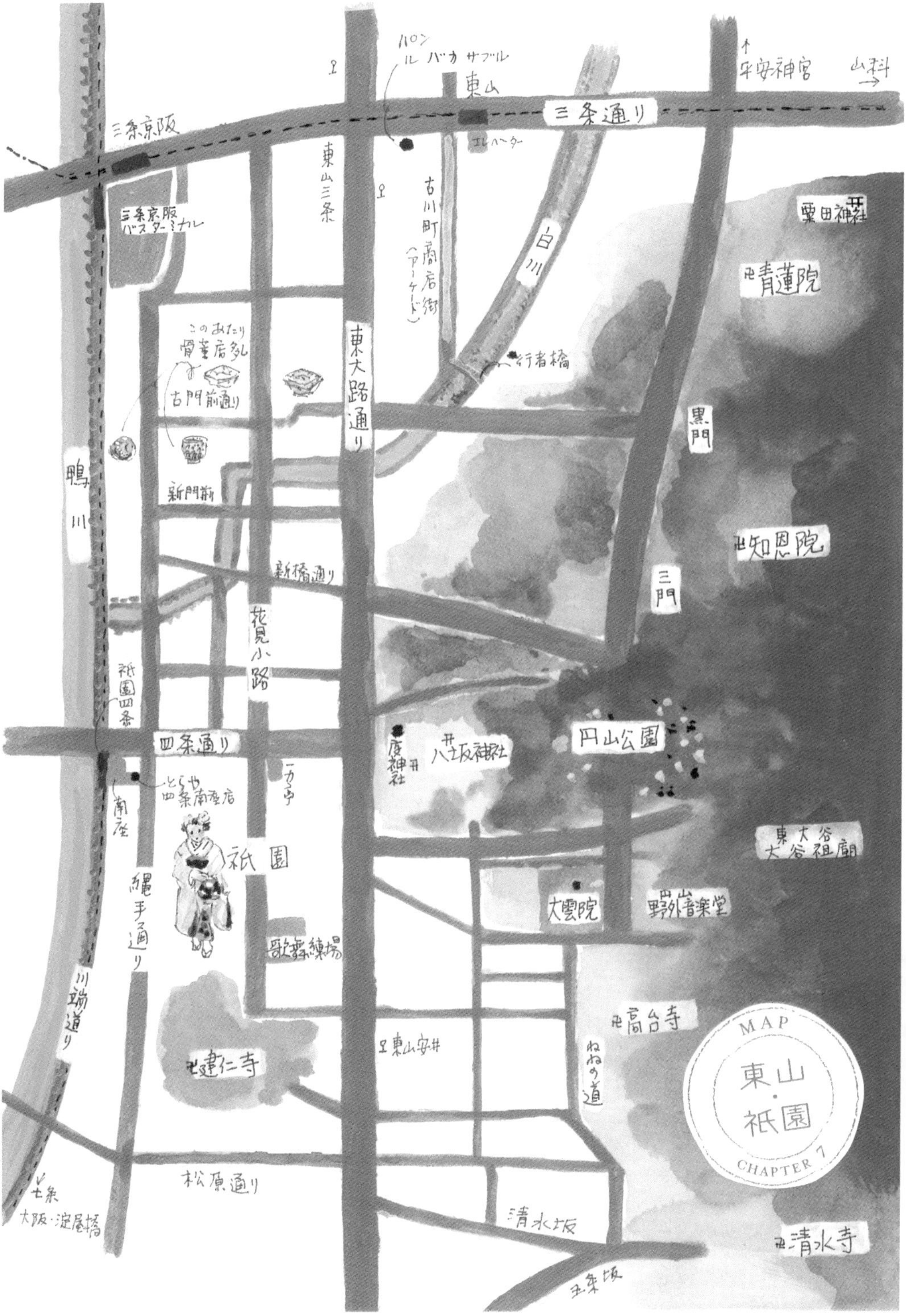

MAP
東山・祇園
CHAPTER 7
ハロン ル バカ サブル
東山
三条通り
平安神宮
山科
三条京阪
エレベーター
東山三条
古川町商店街（アーケード）
三条京阪バスターミナル
粟田神社
白川
青蓮院
このあたり骨董店多し
古門前通り
東大路通り
行者橋
黒門
鴨川
新門前
知恩院
新橋通り
三門
花見小路
祇園四条
四条通り
円山公園
疫神社
八坂神社
一力亭
とらや四条南座店
南座
東大谷 大谷祖廟
祇園
縄手通り
大雲院
円山野外音楽堂
歌舞練場
川端通り
高台寺
東山安井
ねねの道
建仁寺
松原通り
七条
大阪・淀屋橋
清水坂
清水寺
五条坂

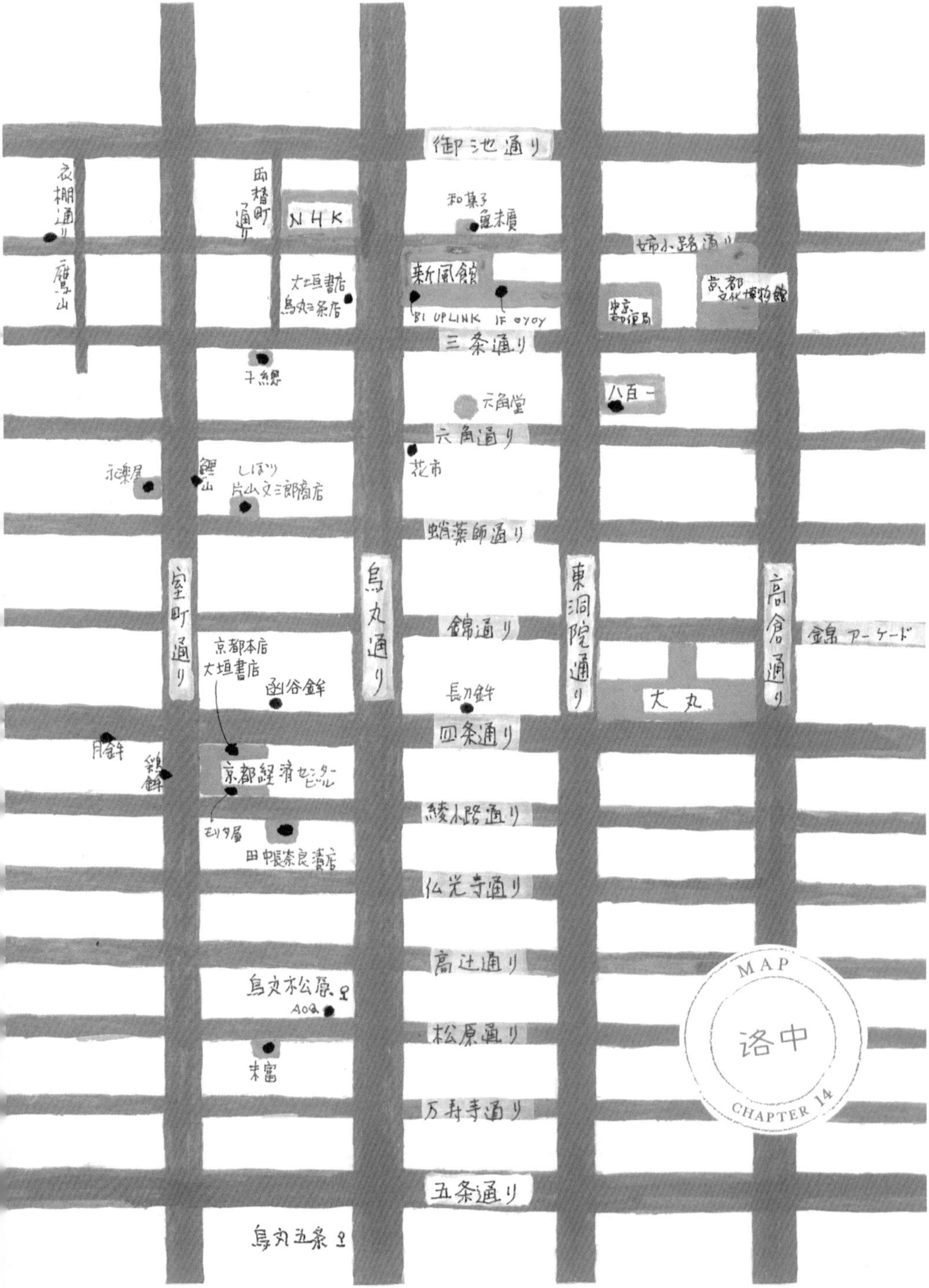
MAP
洛中
CHAPTER 14
御池通り
衣棚通り
鷹山
両替町通り
NHK
和菓子
亀末廣
姉小路通り
大垣書店
烏丸三条店
新風館
B1 UPLINK
1F eyoy
中京郵便局
京都文化博物館
三条通り
千總
六角堂
八百一
六角通り
花市
永楽屋
鯉山
しぼり
片山文三郎商店
蛸薬師通り
室町通り
烏丸通り
東洞院通り
高倉通り
錦通り
錦アーケード
京都本店
大垣書店
函谷鉾
長刀鉾
大丸
四条通り
月鉾
鶏鉾
京都経済センタービル
綾小路通り
モリタ屋
田中長奈良漬店
仏光寺通り
高辻通り
烏丸松原
AOI
松原通り
末富
万寿寺通り
五条通り
烏丸五条

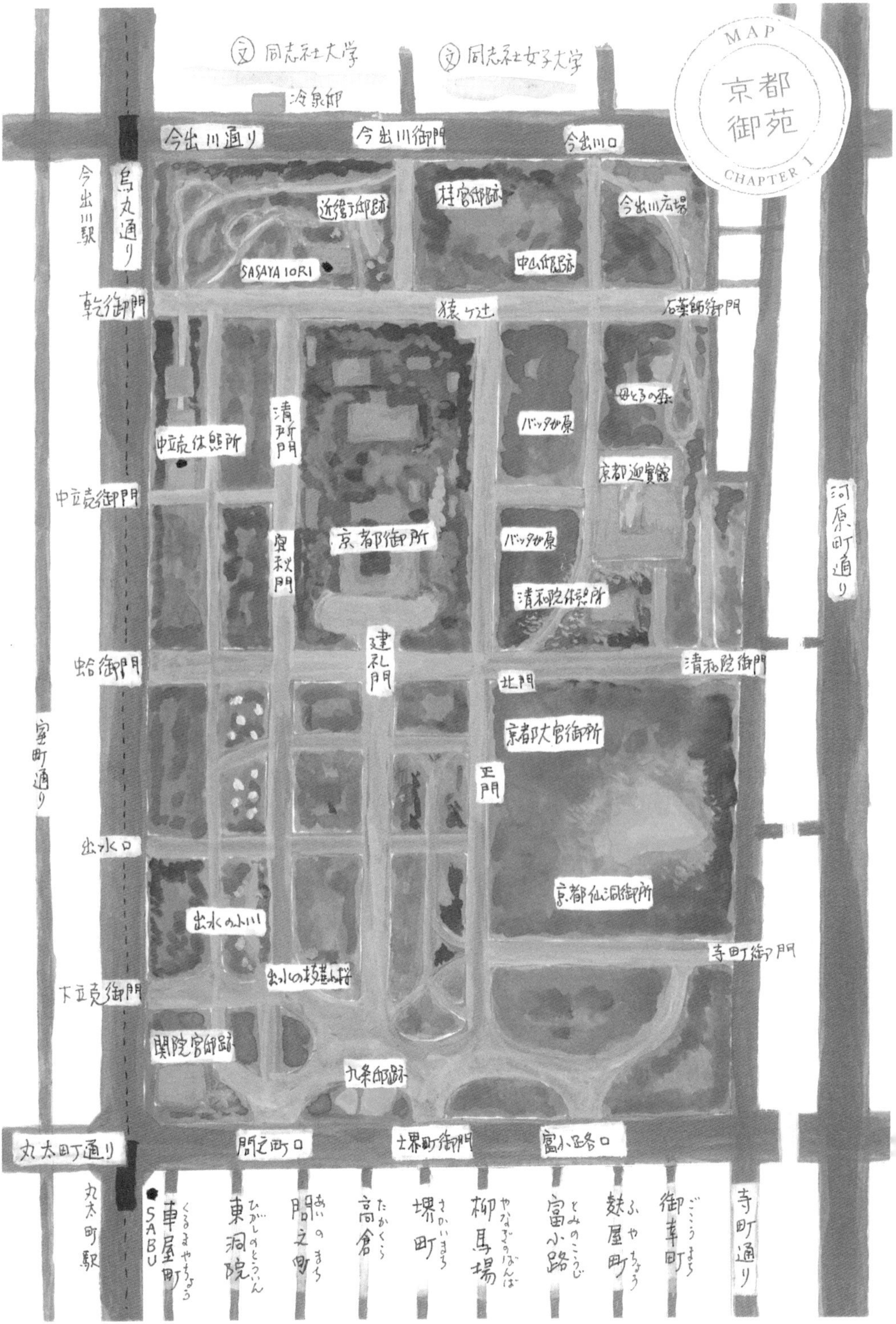

MAP
京都御苑
CHAPTER 1
同志社大学
同志社女子大学
冷泉家
今出川通り
今出川御門
今出川口
今出川駅
烏丸通り
近衛邸跡
桂宮邸跡
今出川広場
SASAYA IORI
中山邸跡
乾御門
猿ケ辻
石薬師御門
母と子の森
清所門
バッタが原
中立売休憩所
京都迎賓館
中立売御門
河原町通り
京都御所
バッタが原
宜秋門
清和院休憩所
建礼門
蛤御門
清和院御門
北門
京都大宮御所
室町通り
正門
出水口
京都仙洞御所
出水の小川
寺町御門
出水の枝垂れ桜
下立売御門
閑院宮邸跡
九条邸跡
丸太町通り
間之町口
堺町御門
富小路口
丸太町駅
SABU
車屋町《くるまやちょう》
東洞院《ひがしのとういん》
間之町《あいのまち》
高倉《たかくら》
堺町《さかいまち》
柳馬場《やなぎのばんば》
富小路《とみのこうじ》
麩屋町《ふやちょう》
御幸町《ごこうまち》
寺町通り

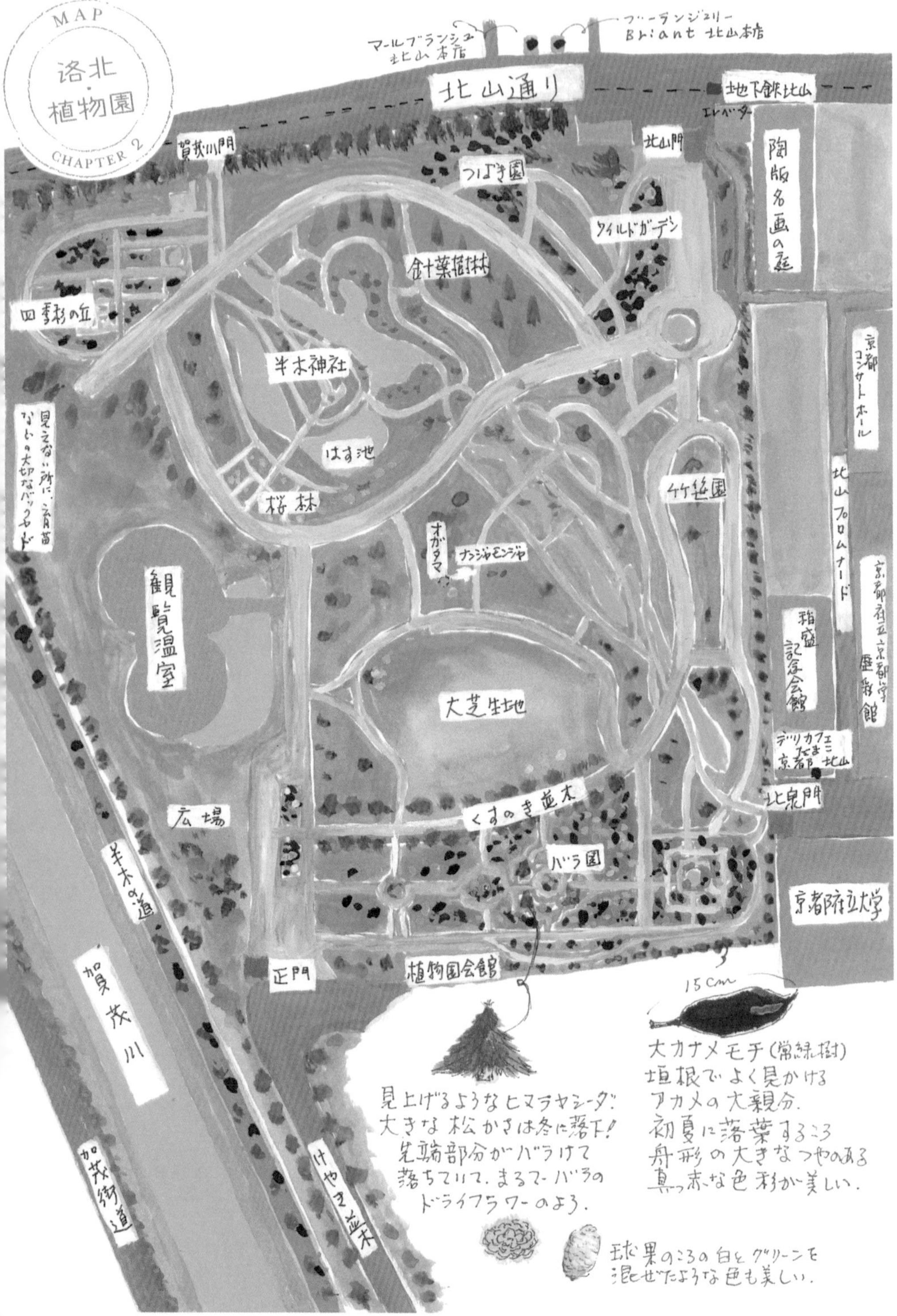
MAP
洛北・植物園
CHAPTER 2
マールブランシュ
北山本店
ブーランジェリー
Briant 北山本店
北山通り
地下鉄北山
エレベーター
賀茂川門
北山門
つばき園
陶版名画の庭
ワイルドガーデン
針葉樹林
四季彩の丘
半木神社
京都コンサートホール
見えない所に、育苗などの大切なバックヤード
はす池
桜林
竹笹園
北山プロムナード
オガタマ
ナンジャモンジャ
観覧温室
京都府立京都学・歴彩館
稲盛記念会館
大芝生地
デリカフェ・キッチン京都北山
北泉門
広場
くすのき並木
バラ園
半木の道
京都府立大学
正門
植物園会館
賀茂川
加茂街道
けやき並木
15cm
見上げるようなヒマラヤシーダ。
大きな松かさは冬に落下！
先端部分がバラけて
落ちていて、まるでバラの
ドライフラワーのよう。
大カナメモチ（常緑樹）
垣根でよく見かける
アカメの大親分。
初夏に落葉するころ
舟形の大きなつやのある
真っ赤な色彩が美しい。
球果のころの白とグリーンを
混ぜたような色も美しい。

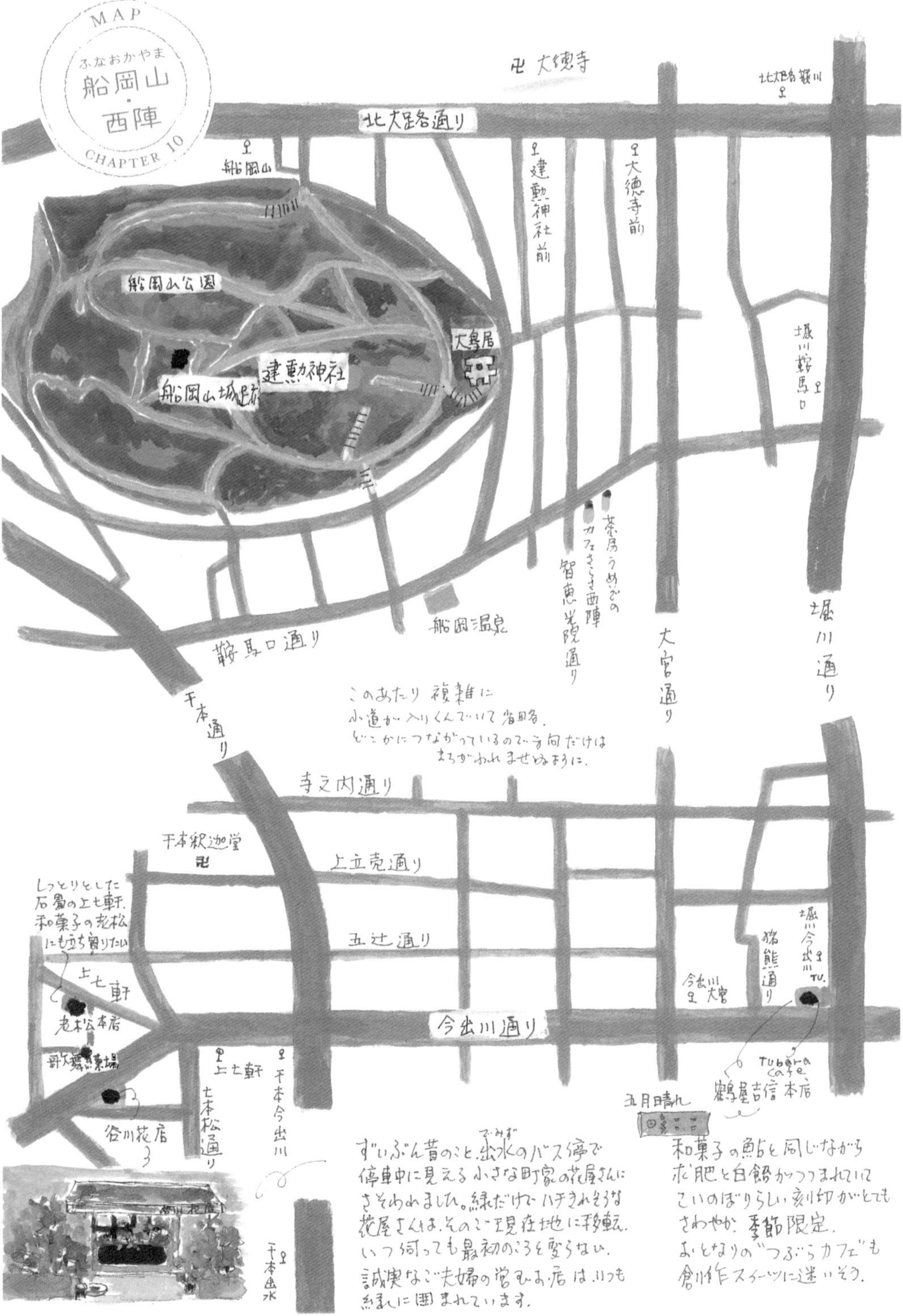
MAP
ふなおかやま
船岡山・西陣
CHAPTER 10
卍 大徳寺
北大路通り
北大路堀川
船岡山
建勲神社前
大徳寺前
船岡山公園
大鳥居
建勲神社
船岡山城跡
堀川鞍馬口
茶房うめぞの
カフェさらさ西陣
智恵光院通り
船岡温泉
鞍馬口通り
大宮通り
堀川通り
千本通り
このあたり 複雑に
小道が入りくんでいて省略.
どこかにつながっているので方向だけは
まちがわれませぬように.
寺之内通り
千本釈迦堂
卍
上立売通り
しっとりとした
石畳の上七軒.
和菓子の老松
にも立ち寄りたい
五辻通り
上七軒
老松本店
歌舞練場
今出川通り
上七軒
千本今出川
今出川大宮
猪熊通り
堀川今出川
TU.
tubara cafe
鶴屋吉信 本店
谷川花店
七本松通り
五月晴れ
ずいぶん昔のこと.出水《でみず》のバス停で
停車中に見える小さな町家の花屋さんに
さそわれました。緑だけでハチきれそうな
花屋さんは.そのご現在地に移転.
いつ伺っても最初のころを変らない.
誠実なご夫婦の営むお店は.いつも
緑に囲まれています.
和菓子の鮎と同じながら
求肥と白餡がつつまれていて
こいのぼりらしい刻印がとても
さわやか.季節限定.
おとなりの"つぶらカフェ"も
創作スイーツに迷いそう.
千本出水

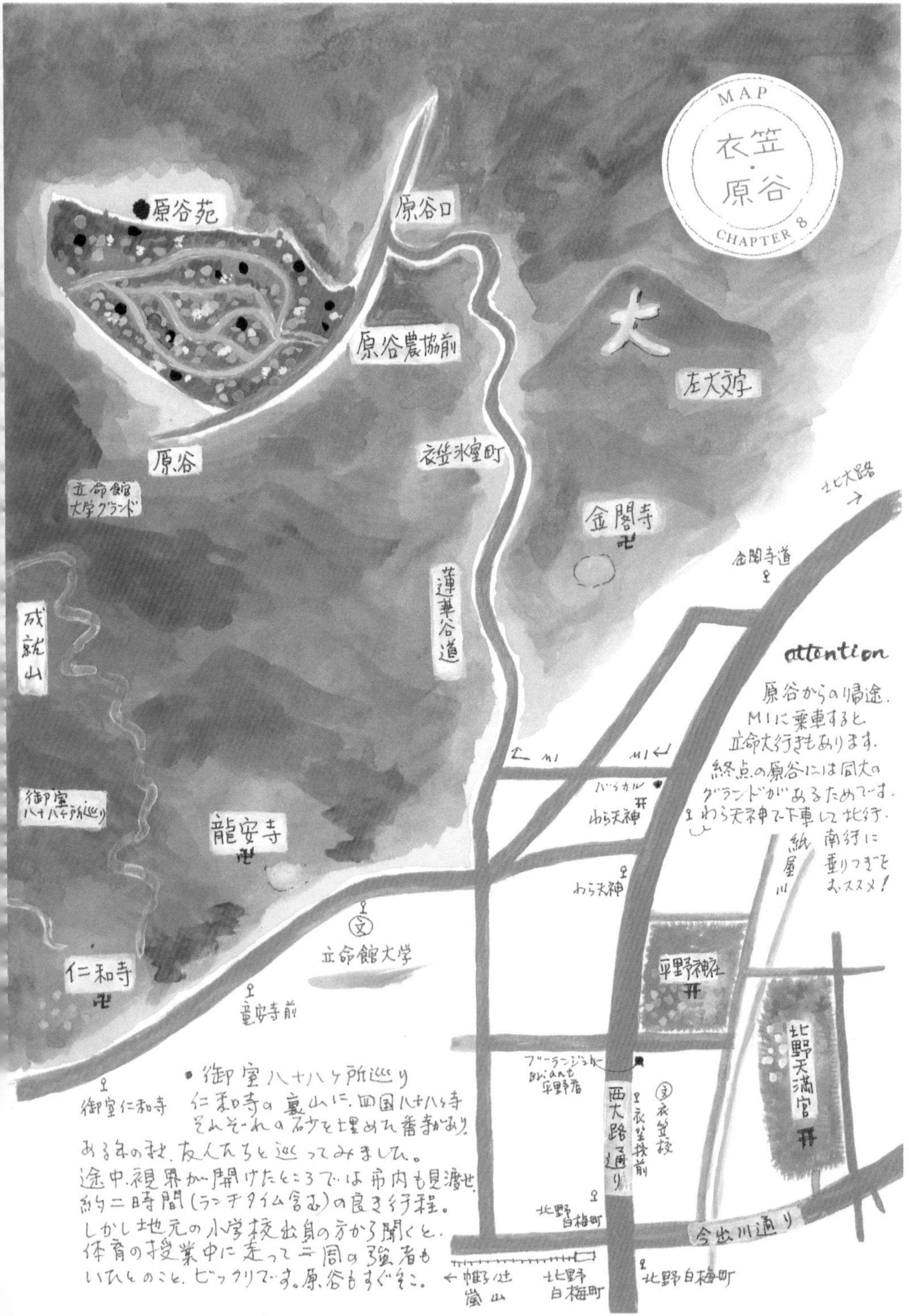
MAP
衣笠・原谷
CHAPTER 8
原谷苑
原谷口
原谷農協前
原谷
大
左大文字
衣笠氷室町
北大路 →
立命館大学グランド
金閣寺
金閣寺道
蓮華谷道
成就山
attention
原谷からの帰途、
M1に乗車すると
立命大行きもあります。
終点の原谷には同大の
グランドがあるためです。
わら天神で下車して北行、
南行に
乗りつぎを
おススメ！
紙屋川
M1
M1
わら天神
御室八十八ヶ所巡り
龍安寺
わら天神
立命館大学
平野神社
仁和寺
竜安寺前
北野天満宮
ブーランジェリー
平野店
西大路通り
衣笠校前
衣笠校
北野白梅町
今出川通り
・御室八十八ヶ所巡り
御室仁和寺
仁和寺の裏山に、四国八十八ヶ寺
それぞれの砂を埋めた番所があり、
ある年の秋、友人たちと巡ってみました。
途中、視界が開けたところでは市内も見渡せ、
約二時間（ランチタイム含む）の良き行程。
しかし地元の小学校出身の方から聞くと、
体育の授業中に走って二周の強者も
いたとのこと。ビックリです。原谷もすぐそこ。
← 帷子ノ辻
嵐山
北野白梅町
北野白梅町

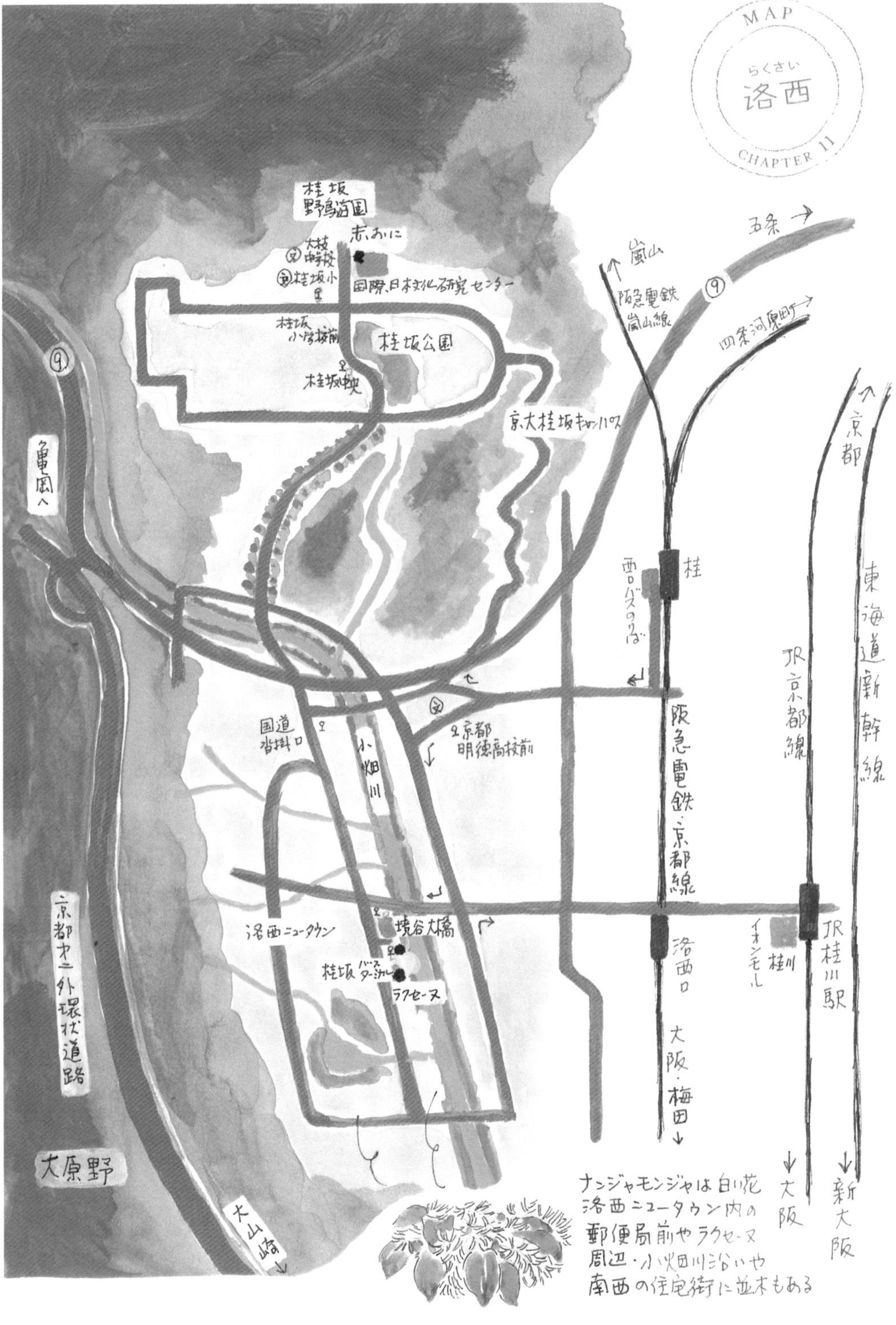
MAP
洛西《らくさい》
CHAPTER 11
桂坂野鳥遊園
志おに
大枝中学校
桂坂小
国際日本文化研究センター
桂坂小学校前
桂坂公園
桂坂中央
京大桂坂キャンパス
五条→
↑嵐山
阪急電鉄嵐山線
四条河原町→
9
↑京都
亀岡へ
桂
西口バスのりば
東海道新幹線
JR京都線
阪急電鉄・京都線
国道沓掛口
小畑川
京都明徳高校前
洛西ニュータウン
境谷大橋
桂坂バスターミナル
ラクセーヌ
洛西口
イオンモール桂川
JR桂川駅
京都第二外環状道路
大原野
大山崎→
大阪・梅田↓
↓大阪
↓新大阪
ナンジャモンジャは白い花
洛西ニュータウン内の
郵便局前やラクセーヌ
周辺・小畑川沿いや
南西の住宅街に並木もある

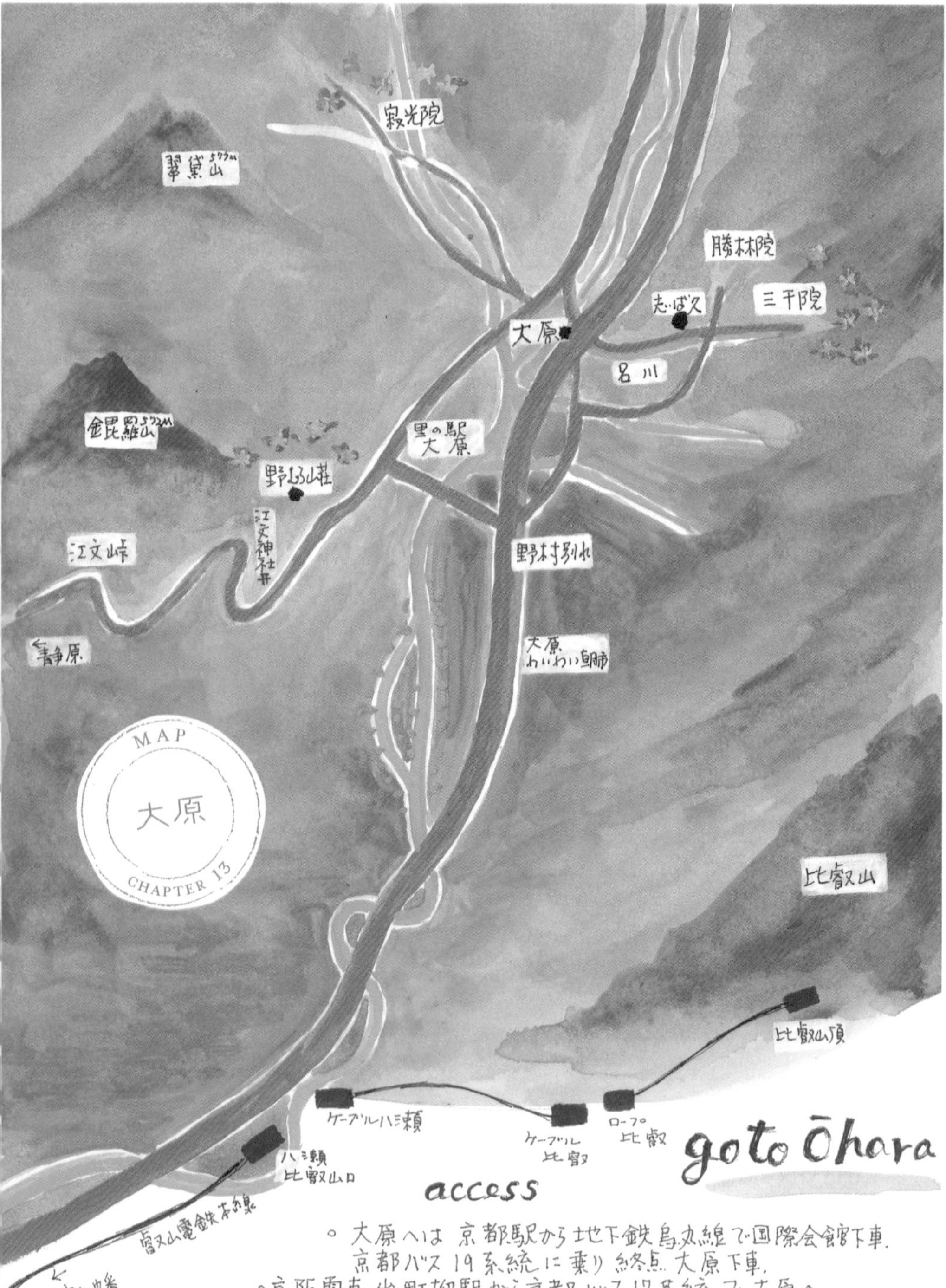

go to Ōhara

access

・大原へは 京都駅から地下鉄烏丸線で国際会館下車。
京都バス19系統に乗り終点大原下車。

・京阪電車・出町柳駅から京都バス17系統で大原へ。

・出町柳から叡山電鉄本線・八瀬比叡山口で下車。17・19系統のバスに乗りつぐこともできます。時間がかかりますが、京都駅、三条京阪発も可。

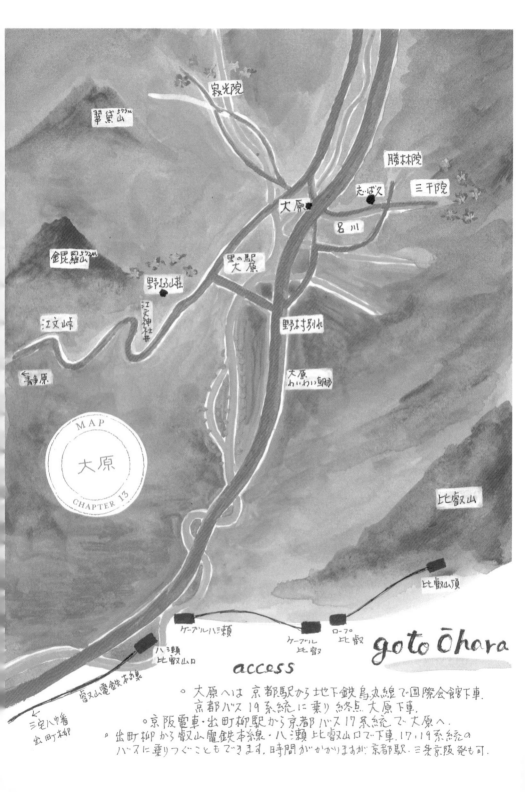

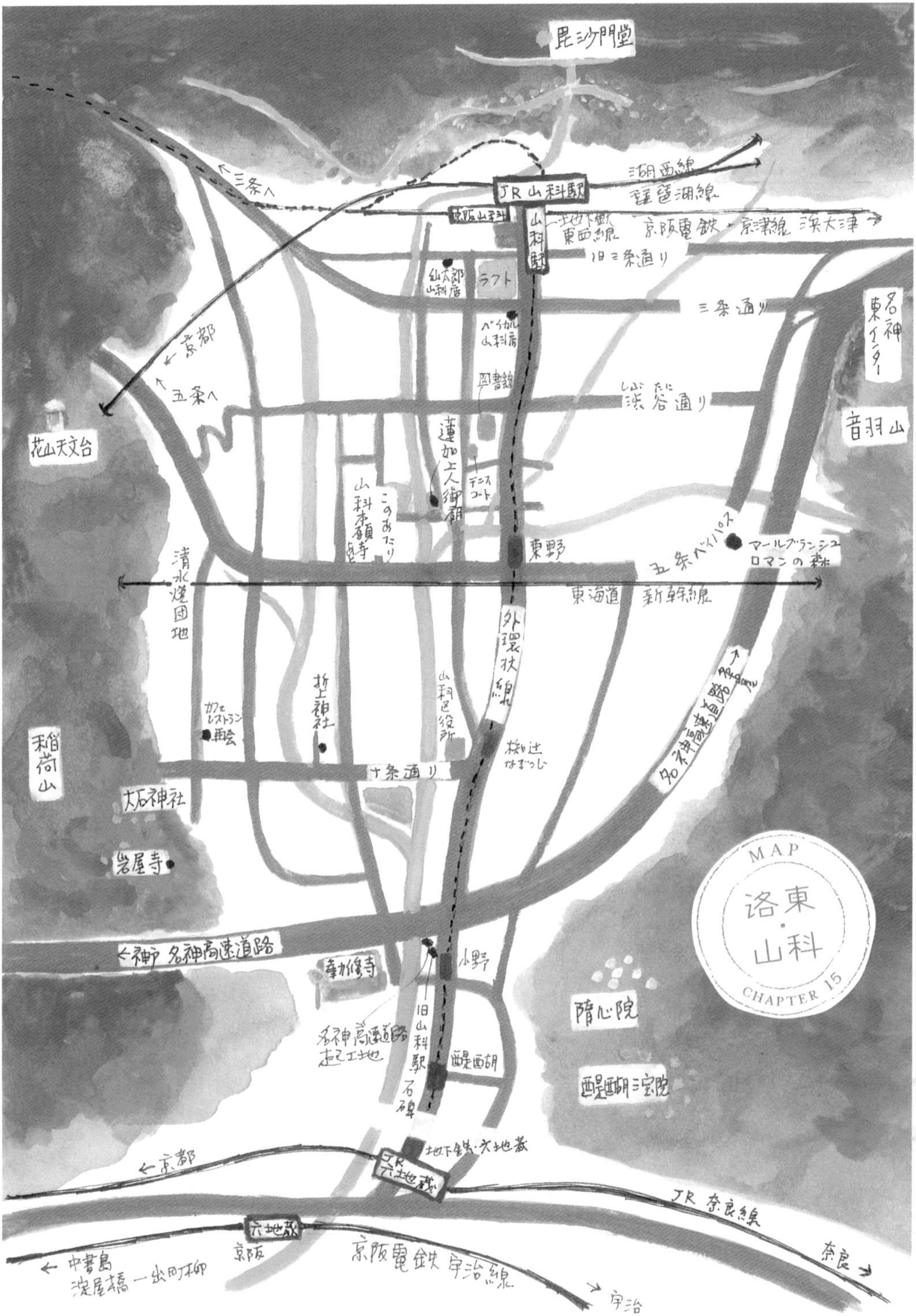
毘沙門堂
JR山科駅
湖西線
琵琶湖線
京阪山科
山科駅
地下鉄東西線
京阪電鉄・京津線 浜大津
旧三条通り
← 三条へ
仙太郎 山科店
ラフト
三条通り
名神東インター
← 京都
↑ 五条へ
図書館
渋谷《しぶたに》通り
音羽山
花山天文台
蓮如上人御廟
テニスコート
山科本願寺 このあたり
東野
マールブランシュ ロマンの森
五条バイパス
清水焼団地
東海道 新幹線
外環状線
山科区役所
折上神社
カフェレストラン
稲荷山
十条通り
椥辻 なぎつじ
大石神社
岩屋寺
← 神戸 名神高速道路
名神高速道路 →
勧修寺
小野
MAP
洛東・山科
CHAPTER 15
随心院
旧山科駅
名神高速道路 起工の地
醍醐
醍醐三宝院
石碑
地下鉄・六地蔵
JR六地蔵
← 京都
JR奈良線
六地蔵
京阪
京阪電鉄宇治線
← 中書島
淀屋橋ー出町柳
→ 宇治
奈良 →

あとがき

長年、京都のことについてエッセイを書きたいと思って過ごしていました。いつまでも思ってばかりでは形にはならないので、80歳になるまでにと少しずつ書き始めましたが、人混みが苦手ですから誰もいない緑陰や、深呼吸をしながら賀茂川の河川敷を歩くなど、日常的な散策ルートをたどれば良いものでした。こんなこともありました。御所の清所門前を歩いていると、「どうぞ！　見学されませんか？」と声を掛けられたりし、コロナ禍とはいえ申し込みやら行列なしで散歩ついでに紫宸殿に近づけるなんて、京都暮らしならではの偶然に出会うこともありました。

おおよその項目や順番を考え、細かなところが不安であれば再訪して確認するなど、思いがけなく訪問を重ねたオアシスも多々あります。でもそれは勝手にご縁を深めているようで嬉しいことでした。ずっと暮らしている山科はラストにすることにしていましたが、出版が具体的になったころ、ふと私にとって究極のオアシスとは、毎日を過ごしている、まさに家そのものではないかと気づきました。同時に、この「エッセイ」を書いている著者である私の実像も必要かと考え、最後のアトリエ風景を追記したのです。（アンジュのアトリエはレッスン生徒のみに開放され、展示会などの情報はホームページでご案内しています。https://ange-asako.com）

出来上がった原稿を、各項目でご登場いただいた皆さまに確認していただきました。法然院の梶田真章ご住職、大雲院の北条副ご住職、SABUの本山《もとやま》香さま、ボタンのエクラン・本間邦晃さま、レストラン赤おにシェフ・北田克治さま、大原・志ば久の久保勝さま、鉄道写真家・佐竹保雄さま、佐竹さんをフォローしてくださった同志社大学鉄道研究会の後輩で、ご自身も鉄道写真家の福田静二さま、皆さま酷暑の中での作業にご協力くださり心よりお礼を申し上げます。

このエッセイは京都の出版社に依頼をしたいと考え、幾つかの候補の中から「大垣書店」を選ばせていただきました。日常的に出かける近くのスーパー内にある大垣書店系列の「文苑」という書店に、いつのころからか置かれている「本を出版しませんか」というPOPが気になっていました。秋が深まるころには数年に一回の展示会を京都文化博物館で開催も決まっています。そろそろ本格的にスタートしなければ展示会に間に合いません。WEBで出版への手続きを読み、指定されたFAX番号へ応募要項を送ります。

すると出版部からの電話。思わず、「初めまして、このたびはお世話になります」と申し上げると、「いえいえ石井さん、初めてではないのですよ」。思いがけない言葉ですが、お声ですぐにわかりました。「平野さんですか？」。なんということでしょう。40年以上も前「文苑」の店長をされていた平野さんです。まだ学生さんの面影もあり、夫と私は「本屋のお兄さん」と呼んでいました。そのころ平野さんは車のガレージをお寺の近くに借りていて、アンジュの前を通りがかることもしばしば。ほとんど毎日。自然と夫と立ち話を良くされていました。ところが平野さんには私たち夫婦は二個いちのように見えていて、「いつも一緒」のイメージだったようです。

どうされているのかと思っていた平野さんは、現在同社で出版部長兼相談役とのこと。白いひげを蓄えられていても、私には今でも本屋のお兄さん。おいそがしいのに初稿から丁寧に読んでくださり、随所で的確なアドバイスもいただけました。またご担当くださった主任の西野さんは私が理想とする素敵な女性編集者。「大垣書店」を選択させていただき大正解です。

表紙やＭＡＰ、各扉の写真やイラストの原稿化に関しては、ニットのワンマンブックやカレンダー、ＤＭなど、アンジュの印刷物すべてを依頼しているグラフィックデザイナーの瀧居真彦さんにお願いしました。これもラッキーなことに、この春から瀧居さんは上賀茂神社の近くに大阪から移住。打ち合わせもアンジュに来られたり、植物園の北門で待ち合わせるなどスムーズに運びました。この私にとって最強のスタッフである三人のお力で、あれこれ知恵を出し合われ本が形になって行くプロセスを、折々メール越しに拝読しながら、ときにはありがたくて涙が浮かぶほど至福な時間となりました。

今年に入ってから本腰を入れ原稿に向き合ってから、私はレッスンクラスのことや、新しいニットデザインの製図を描くなど、二足どころか何足の草鞋を履いているのかと、いささか年齢的にも過分なエネルギーの必要量に、心折れそうになるときもありました。しかしデザイナーの性分として、一度イメージしたものは形にするものと心得て過ごして来ましたので、とちゅうで放り出すわけにもいかず、なんとか乗り切ることが出来ました。参考文献はごく僅かです。新聞の切り抜きも数年分溜まり、各所でいただくプリント類、そしてレッスンクラスでの何気ない会話の中から大切な情報を得ることができました。そのことに感謝しています。

暑い夏でした。大まかな取材は夏前に終えていましたから助かりましたが、祇園祭だけは暑さと闘うかのようでした。原稿を納めMAPに取り掛かります。PCに向かわずに手描きで楽勝と考えていたMAPは、予想以上に手強いものでした。下描きも細心の注意を要しましたし、なんとか描き終え色付けに入ります。すると一枚仕上げるたびにMAPが緑の部分で埋められていきます。並べて見るまでもなく、一部を除いて私のオアシスとは緑のあるところだったのです。国土地理院の地図のような正確さを求められると、心もとないものですが、私なりに少しでも目的地へのご案内となっていることを願います。距離感など限られたスペースでデフォルメされている部分はお許しください。

私のオアシス巡りにおつき合いくださりありがとうございました。京都を散策されるとき、この一冊のどこかで何かがお役に立つことがあれば幸いです。四季折々、京都は京都でいますから、自然の近さや歴史の深さにもふれて、ご自身のオアシス探しの旅を、どうぞ楽しまれますように。

２０２３年９月

京都・山科にて　　石井　麻子

石井麻子

1945年 東京生まれ 京都在住
ニットデザイナー
アンジュ・アカデミー主宰

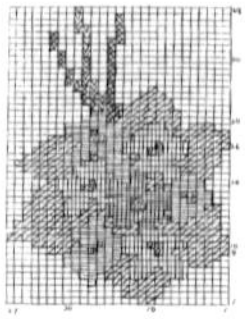

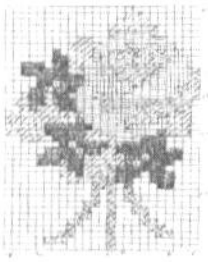

著書 ……

01 『メルヘンニット』1982.10.10 雄鶏社
02 『続メルヘンニット』1983.10.10 雄鶏社
03 『サマーメルヘンニット』1984.03.10 雄鶏社
04 『カラーハーモニーを楽しむ』1986.10.06 文化出版局
05 『ペア＆ファミリー』1987.09.07 文化出版局
06 『メルヘンセーターと暮らしの小物』1989.09.10 文化出版局
07 『夢を編むメルヘンセーター』1990.09.10 文化出版局
08 『彼とわたしのメルヘンセーター』1992.09.10 文化出版局
09 『アンと仲間たちのセーター』1994.09.11 文化出版局
10 『天使の家のニットたち』1996.09.20 ほるぷ出版
11 『模様編み図案』2000.11.20 ブティック社
12 『二都物語』2001.09.20 雄鶏社
13 『夢を編むニットアート』2006.10.10 アートダイジェスト
14 『素敵なアジロ編み』2008.11.17 メゾン・ド・アンジュ
15 『わが心のタペストリー・20作記念』2012.11.01 メゾン・ド・アンジュ
16 『わが心のタペストリー』2015.11.01 かもがわ出版
17 『石井麻子のラブリーニット100デザイン』2017.10.10 アートダイジェスト
18 『石井麻子のラブリーニットデザイン50』2020.09.29 エイアールディー・Amazon

※16,17,18以外は絶版です。

京都、わが心のオアシス

2023年11月10日 初版発行

著者 石井 麻子

発行 株式会社大垣書店
〒603-8148 京都市北区小山西花池町1-1

印刷 小野高速印刷株式会社

©ASAKO ISHII 2023 Printed in Japan
ISBN 9784903954738

本書のコピー、スキャン、デジタル化等の無断複製は著作権法上での例外を除き禁じられています。本書を代行業者等の第三者に依頼してコピー、スキャンやデジタル化することは、たとえ個人や家庭内での利用であっても著作権法違反です。